Paol

È gradita la camicia nera

Verona, la città laboratorio dell'estrema destra tra l'Italia e l'Europa

Rizzoli

Pubblicato per

Rizzoli

da Mondadori Libri S.p.A.

ISBN 978-88-17-15879-4

Prima edizione: ottobre 2021

Realizzazione editoriale: Studio editoriale Littera, Rescaldina (MI)

È gradita
la camicia nera

A Nicola Tommasoli

Introduzione

Dentro le mura

«Il suo prossimo libro si intitolerà: Vengo a Verona e poi muoio.» 10 giugno 2019. Alle 21,24 «Lisa» mi spedisce via Facebook una tenera previsione editoriale. Tra i primi commenti ci sono quelli di «Emiliano», a cui fanno da contorno emoji di coltelli e bombe: «-16 giorni e scateniamo l'inferno». «Si salvi chi può.» I social grondano insulti e minacce, è così da giorni. La «Verona nera Verona fiera» decantata da «Luca Gaio» mi dà del «verme» (Tony D'Andria), dell'«infame» (a decine), della «merda», della «zecca», del «terrorista»: il resto è impubblicabile. I neofascisti veronesi promettono che se il sindaco Federico Sboarina non vieterà la serata che mi vede ospite insieme all'ex procuratore capo di Verona Guido Papalia, al direttore di «Repubblica» Carlo Verdelli e al writer Cibo, ci penseranno loro – anche «fisicamente» – a bloccarla. In ogni caso scrivono che, come per tutti gli infami, mi accoglieranno «a braccia tese» (Massimo Visentini). Di più: «Femo un rinfresco di quei giusti» (Marco Castrini). Dopodiché – scrivono – se mi ammazzo (Mannaro) è meglio: così dopo il mio arrivo non «bisogna disinfettare» (Franc Wolf). Emanuel Fasson mi avvisa che in quei giorni le «previsioni meteo mettono perturbazioni di sberle da tutti i fronti».

Il saluto di Augusto

Il giorno è il 26 giugno 2019. L'orario fissato: 20,45. Dopo quasi un mese di polemiche, proteste, ostruzionismo dichiarato, tentativi di boicottaggio, minacce, minacce di morte, assordanti silenzi da parte delle istituzioni, di scontro politico, è finalmente arrivato il giorno della presentazione del mio libro *NazItalia* a Verona. Dove? In sala Lucchi, uno spazio comunale a poche decine di metri dai tornelli dello stadio Bentegodi, il tempio pagano dell'Hellas, che a Verona è più di una condizione dell'anima. Lo stadio è l'officina dove gli ultrà, a partire dagli anni Settanta, hanno costruito la loro identità, saldata a doppio stampo con la città. Il luogo dove si è formata la piaga neofascista che da quarantacinque anni caratterizza la tifoseria calcistica più oltranzista d'Italia.

Quando fissiamo la data e inizia a girare voce che avremmo organizzato un dibattito per parlare di *NazItalia*, la Verona nera insorge. A dare la stura alla campagna intimidatoria via social è Forza Nuova. Il leader Luca Castellini suona la carica: è un crescendo di provocazioni, dove – è tutto surreale – vengo dipinto dall'estrema destra veronese come un disturbatore, un provocatore, una «zecca», un «terrorista», un «comunista» che viene a infangare Verona e i veronesi. Odio puro. Odio squadrista. Quell'odio prende forma man mano che passano i giorni e si avvicina la data dell'evento. Ricevo (li denuncerò ai carabinieri e alla Digos) decine di messaggi di insulti e minacce: quando va bene sono un «infame», altrimenti un «uomo morto».

Il 10 giugno, nella doppia veste di capo politico e capo ultrà, Castellini è il primo a rivolgersi al sindaco Sboarina.

«Apprendo ora che il giornalista comunista Paolo Berizzi vorrebbe presentare la sua più famosa farsa editoriale a Verona il prossimo 26 giugno addirittura sotto lo stadio Bentegodi, cuore pulsante di Verona calcio e Verona città. Invito nell'immediato l'amministrazione comunale nella persona del sindaco Sboarina a non concedere né l'adiacente sala Lucchi né altre sale pubbliche a chi viene appositamente per infangare il nome della nostra città. Sono sicuro che Verona e i veronesi sapranno levare gli scudi e respingere questa deliberata e inaccettabile provocazione e per questo già da ora personalmente e attraverso il movimento che rappresento [Forza Nuova, *ndr*] annuncio l'adesione a qualsiasi forma di mobilitazione spontanea di piazza atta a bloccare e a impedire, anche fisicamente, questa infame sfida alla nostra città».

Sui social iniziano a comparire pagine con la mia fotografia, la copertina del libro e, sotto – a caratteri giallo e blu, i colori dell'Hellas –, lo slogan «io ci sarò, e tu?». Il consigliere neofascista Andrea Bacciga (allora lista Battiti, poi passato alla Lega), da vicepresidente della commissione cultura del Comune lancia una petizione su Change.org per chiedere il cambio di sede della presentazione. Parla di un «affronto alla curva sud, considerata estremista dalla sinistra...». Mentre il mondo dell'estrema destra veronese è sul piede di guerra, cresce anche il fronte della solidarietà: il centrosinistra, M5S, l'ANPI, l'ex sindaco Tosi si schierano contro la censura a *NazItalia* e contro il clima di intimidazione creato dall'ultradestra. Lo stesso fanno la Federazione nazionale della stampa italiana con il presidente Beppe Giulietti e Articolo 21 presieduta da Paolo Borrometi. E il sindaco di Verona? Muto. «È il re degli ignavi» lo attacca il suo predecessore Tosi. «Non prende posizione per paura di scontentare l'uno rispetto all'altro.»

Oltre due mesi dopo la presentazione, Sboarina trova il tempo di rispondere a un'interrogazione del consigliere dem Federico Benini proprio in merito alle minacce che mi erano state rivolte. In poche parole il sindaco riuscirà ad affermare – per altro ormai a tempo ampiamente scaduto – che il clima di tensione intorno alla serata in sala Lucchi era stato creato dalla sinistra!

Prima della presentazione interviene anche il deputato leghista e ultracattolico Vito Comencini (molto vicino all'allora ministro per la Famiglia Lorenzo Fontana). Le sue parole dicono molto sul clima che si respira a Verona e sulla saldatura tra estrema destra e tradizionalismo religioso: «Ho l'impressione che si vogliano ancora una volta vaneggiare spettri e ideologie del passato che non esistono più... Fascismo e comunismo sono morti e sepolti, Berizzi, Papalia and company se ne facciano una ragione». Le critiche a Guido Papalia – presente come ospite alla presentazione del libro – rievocano antichi dissapori, vere e proprie idiosincrasie leghiste nei confronti dell'ex capo della procura di Verona che indagò sulle «camicie verdi» della Lega. La conclusione di Comencini è la riproposizione di un vecchio adagio: «A seminare odio è chi continua a utilizzare la parola antifascismo in maniera impropria e fuori dalla storia. Verona non merita questo. Non merita gli anti, ma i pro». Ed elenca: «Pro vita, pro famiglia, pro identità. Verona è la città dell'amore, non dell'antifascismo rosso».

L'immediata vigilia della presentazione in sala Lucchi è un crescendo di tensione. Castellini e gli ultrà confermano: «Vigileremo e difenderemo ciò che più amiamo: i nostri simboli e i nostri luoghi più cari». La questura fa sapere che predisporrà «un servizio di ordine pubblico adeguato all'evento».

Sono le otto e mezza di sera del 26 giugno. La scorta mi dice che, per motivi di sicurezza, è meglio se arriviamo in sala appena sotto orario. Mi sforzo di governare l'ansia che a quel punto inizia a bussare. Percorriamo le strade che dal centro portano verso il Bentegodi. Quattro semafori, due vialoni e arriviamo a piazzale Olimpia. Vedo da lontano il corpaccione della sala Lucchi: è una scatola di cemento proprio di fronte allo stadio. Ecco i blindati e le auto di polizia e carabinieri, i reparti mobili, gli agenti in tenuta antisommossa. Decine di agenti. Mi sembra di esser arrivato allo stadio, sì. Ma per assistere a una partita di calcio. A un derby a rischio incidenti. Con i cordoni delle forze dell'ordine a presidiare gli ingressi e tutta la zona intorno.

Esce la notizia che hanno annunciato la loro presenza «contro i nazistelli da stadio» anche i centri sociali del Nordest. Mentre in auto ci avviciniamo all'ingresso carrabile della sala Lucchi mi assale un senso di imbarazzo: mi sento a disagio. Non per me. Per il pubblico. Assistere alla presentazione di un libro in un quartiere e in una sala blindati da decine di uomini in divisa. Il cancellone di accesso al piazzale della sala è aperto. Prima di passare in mezzo ai cellulari di polizia e carabinieri, butto l'occhio dall'altra parte della strada. Tenuti a distanza dagli agenti del reparto mobile ci sono loro: gli ultrà neonazisti dell'Hellas. I camerati di Forza Nuova e gli eredi delle Brigate Gialloblù, il gruppo storico del tifo veronese. Sono un centinaio. L'avevano detto e l'hanno fatto. Sono venuti a «vigilare», a «difendere il territorio» dal nemico che ha osato «disonorare» e «infangare» Verona. Presidiano. Sono quasi tutti in bermuda e maglietta, pieni di tatuaggi, tante teste rasate. Scandiscono cori provocatori e distendono verso l'alto il braccio destro e il dito indice nel cosiddetto «saluto di Augusto» (*manus ad indicem*) che si vede nella celebre statua dell'Augusto di Prima Porta ai Musei Vaticani. Un escamotage, per non incappare nelle eventuali grane giudiziarie del più diffuso e classico saluto fascista (braccio e mano tesa). Raggiunto l'ingresso laterale, scendo dall'auto e mi infilo nell'edificio. Sala Lucchi è gremita da centinaia di persone, molte delle quali in piedi. Quando io e gli altri ospiti della presentazione entriamo, la Verona democratica e antifascista inizia a intonare *Bella ciao*. Le parole della canzone simbolo della Resistenza scacciano via l'ansia e la tensione che avevo accumulato. La gente canta, batte le mani. È come una festa, una scena emozionante e liberatoria che scalda il cuore. La migliore risposta all'odio e alle intimidazioni di quelli che ringhiano là fuori, la più gioiosa. Dopo avere inscenato la loro parata identitaria e protezionista i neonazi se ne vanno, anche se «qualcuno è rimasto in zona», dice un funzionario della Digos.

La città in fondo a destra: dal fascismo al fascismo

Durante il fascismo Verona è stata un centro nevralgico: il fascismo storico l'ha vista come uno snodo, quello repubblicano l'ha elevata a «capitale» della Repubblica sociale italiana. Da allora, al netto di quarant'anni di governo democristiano, di un decennio di proto-fascioleghismo e di quattro anni di destra sovranista, il nero si è preso la pancia della città. E non l'ha mai lasciata.

Oggi Verona rappresenta un caso unico nel panorama nazionale. Le sue peculiarità meritano di essere osservate anche da oltre confine perché il laboratorio italiano della destra sovranista e radicale è qui, sul proscenio e nelle pieghe di una città meravigliosa, che deve la sua fama mondiale a Shakespeare e a quel falso storico straordinario che è il balcone di Giulietta. Ma che, nell'immaginario collettivo, è associata a uno stereotipo che assomiglia ormai a una specie di marchio di fabbrica. «Verona è nera», rivendicano da anni gli ultrà neofascisti. «Verona ai veronesi», ripetono i loro padrini a palazzo.

Un'affermazione non smentibile, in effetti. Per confermarla basta tirare i fili di un percorso iniziato quando l'Italia non era ancora una repubblica democratica. Un percorso che oggi continua, declinato in nuove forme solo apparentemente disomogenee, ma unite intorno a un calco che sembra clonare sé stesso in modo permanente. Esiste, ormai, una modalità-Verona. Un «rito veronese» che è combinazione di elementi interconnessi: patriottismo locale, populismo etnico, tradizionalismo, identitarismo travestito da usanza popolare, ultracattolicesimo, neofascismo, neonazismo. Il risultato è una strana forma di sovranismo provinciale, deformato e intollerante, dai tratti tribali e autoritari. Un'ossessione territoriale che – in alcuni settori della politica e della società – sfocia in una xenofobia diffusa. Per poi trasformarsi in razzismo esplicito. A rappresentare e a esibire ufficialmente questo pacchetto di disvalori è una minoranza, certo. Ma la singolarità del caso Verona sta proprio nel fatto che la «minoranza» intercetta un sentimento che travalica il suo perimetro breve e si estende a una più ampia «zona grigia»: fasce di popolazione che, sebbene non aderiscano in modo formale a certe campagne e a certi slogan, nemmeno li rifiutano. Neppure nelle loro angolazioni più estreme. Di più: di queste pulsioni diventano, a loro volta, un formidabile catalizzatore. Il risultato, per assurdo, è che la «minoranza» gioca da protagonista. Assurge a «maggioranza ombra» e il messaggio che si deposita è il suo. E così nel dibattito pubblico la pancia della città sembra prevalere sul pensiero, il nichilismo sulla ragionevolezza e sulla visione razionale della realtà.

Paladini e custodi del «rito veronese» sono i butèi, i «bravi ragazzi» di Verona. Di destra, cattolici, ultrà dell'Hellas, refrattari ai cambiamenti, ostili verso tutto ciò che può minare le basi della cultura o subcultura locale. Pronti a difendere il territorio, a fare «resistenza etnica» e a tenere il mondo fuori dalle mura della città («Non c'è mondo per me al di là delle mura di Verona: ma purgatorio, tortura, l'inferno stesso...» dice il Romeo di Shakespeare).

Nel 2021, per andare alla radice della rappresentazione che la città offre di sé, e della sua immagine, non è fondamentale sapere se e quanto i butèi che vanno in giro con le felpe e le polo con il logo identitario delle arche scaligere (indossate anche dal sindaco Federico Sboarina), e che continuano a crescere nel brodo di coltura dell'odio verso il «diverso» – diverso da loro –, conoscano di ciò che Verona ha rappresentato dal 1920 al 1945. E dagli anni Cinquanta all'inizio del terzo millennio. Ma per introdurre questo viaggio occorre ricordarlo. Anche a loro.

Nero era il colore dello sparuto drappello di «diciannovisti» capeggiati da Italo Bresciani, fondatore e segretario del piccolo Fascio di Verona, il «terzogenito», nato appena due giorni dopo la fondazione a Milano, il 23 marzo 1919, dei Fasci di combattimento. Nera fu l'evoluzione in città del Partito nazionale fascista. Nerissima, si potrebbe dire. In un clima avvelenato da turbolenze e rissosità, le beghe politico-affaristiche tra dirigenti – segnati da personalismi e corruzione – costituirono un caso a cui i vertici nazionali erano costretti a mettere continuamente mano. Con scarso successo. Le relazioni dei prefetti informavano Roma sulle poco edificanti vicende veronesi: i gerarchi erano ladri, assassini, puttanieri, ricattatori. Nell'agosto del 1920 la prima visita di Mussolini in città: il futuro duce atterra con un Aviatik nella scalcinata piazza d'armi di stradone Santa Lucia. Diciotto anni dopo, un'altra visita. Trionfale. In un'Arena gremita le camicie bianche delle Giovani italiane formano la scritta DVX tra le camicie nere. È l'immagine seppiata preferita dai camerati scaligeri. Un'immagine che oggi, a qualcuno, piacerebbe fosse cartolina della città.

Ancora un po' di storia, perché il «passato» ha un peso. Dopo l'8 settembre 1943 Verona diventa il teatro di fondazione della Repubblica sociale italiana, sede di cinque ministeri e di importanti comandi tedeschi. Il nome della città si incide dunque anche nella storia del fascismo repubblicano: accostato prima al manifesto di Verona (il piano programmatico per il governo della RSI, in cui si definivano gli obiettivi politici del Partito fascista repubblicano, nato dalle ceneri del Partito nazionale fascista) e poi al celebre processo di Verona, che condannò Galeazzo Ciano e altri gerarchi accusati di avere tramato con Badoglio per fare arrestare Mussolini.

Avvitata ormai intorno a un destino che sembra in qualche modo già scritto e a proprio agio con un potere che ha interesse a conservare, la città scelta da Shakespeare si avviò a consolidare la sua collocazione e il suo «ruolo». Da predestinata. È sempre a Verona che, tra il 1943 e il 1945, il comando generale della Gestapo allestisce la sua base in Italia. Da un palazzo di corso Porta Nuova – in questo libro entreremo anche lì, e sarà una visita sorprendente – gli ufficiali della polizia nazista reprimono la resistenza all'occupazione tedesca e alla RSI. Chi si oppone viene interrogato, torturato, deportato.

Il dopo è un cammino lento ma inesorabile. Una passeggiata all'insegna di una continuità ideale e cromatica. Scavallate le vicende del MSI degli anni Cinquanta, in un cupo divenire la «Verona nera» si alimenta del lascito della storia e di una certa ignoranza diffusa nel dopoguerra. Mentalità fascistoide («Dio, patria, famiglia»). Esclusione del diverso. Costruzione della paura. Protezionismo e desiderio di autodeterminazione. Intolleranza. Omofobia. Sono queste le derive che innervano la città e si tirano dietro parte del tessuto della provincia. Una provincia che – ed ecco il secondo passaggio di boa di questo percorso – negli anni Settanta offre il suo alveo all'eversione nera. Il territorio scaligero diventa un crocevia per diverse organizzazioni neofasciste: la Rosa dei Venti del generale Amos Spiazzi, Ordine Nuovo; la sanguinaria sigla Ludwig – responsabile di dieci «omicidi per caso» – e il Fronte Nazionale di Franco Freda sono gli zii. Poi sono arrivati i nipotini. Che portano avanti la tradizione della «ditta».

Neri sono i movimenti che, da metà anni Ottanta, mettono radici a Verona. Collegati come vasi comunicanti alle frange più violente e razziste della curva sud dello stadio

Bentegodi, regno della tifoseria dell'Hellas. Un'agorà dell'eccesso, del fanatismo calcistico, del tifo più estremo e politicizzato. Serbatoio e insieme palcoscenico. I gruppi si chiamano Veneto Fronte Skinheads, Forza Nuova, CasaPound, e l'ultima nata, la neonazista Fortezza Europa. Piantate le radici in un humus caratterizzato da una visione tradizionalista, oscurantista e retrograda della società, forte di una rappresentanza per nulla marginale nel governo cittadino, la neofascisteria veronese va a braccetto con la politica in doppiopetto e con la parte più conservatrice della Chiesa cattolica: quella preconciliare, attraversata da venature lefebvriane, che porta avanti crociate contro i diritti di gay e lesbiche, che combatte il gender e mal sopporta gli immigrati, che celebra il tradizionalismo e benedice solo la famiglia tradizionale.

Da più di vent'anni a Verona l'estrema destra fa sistema. Agisce in modo sfacciato, osa, sperimenta. Riesce persino a dettare la linea. Non è solo un interlocutore imprescindibile per le amministrazioni: sembra svolgere quasi la funzione di faro. I neofascisti mettono il cappello su convegni di stampo medievale dove vengono distribuiti feti di plastica (il Congresso mondiale delle famiglie che consacra Verona prima città reazionaria d'Italia), influenzano la cultura con eventi e testi revisionisti e negazionisti, sfilano con gli integralisti cattolici devoti alle Pasque veronesi, alimentano l'ossessione securitaria e si ergono a difensori della «razza Piave». E intanto inneggiano a Mussolini, Hitler, Priebke, Degrelle. I criminali nazifascisti tanto cari all'ala più dura della tifoseria dell'Hellas. Nel retrobottega di questa officina, metapolitica più che politica, tra saluti romani dentro e fuori il palazzo, provocazioni, proposte e provvedimenti oscurantisti, si è creato un clima di chiusura e di prevaricazione che a un certo punto si è fatto «istituzionale». Questo passaggio avviene nella cornice di un luogo geografico dove la violenza verbale diventa spesso violenza praticata. In alcuni casi omicida. Le folli gesta criminali dei due serial killer dietro la sigla di Ludwig hanno tracciato il solco. Hanno preparato il terreno a una lunga, certo meno sanguinaria, stagione di aggressioni e pestaggi. Una scia che ha il suo snodo più drammatico nell'omicidio di Nicola Tommasoli, massacrato nel 2008 da un branco di giovani neofascisti nel centro della città.

La deriva veronese è da tempo sotto gli occhi del Paese. O almeno di quella parte che non sposta lo sguardo. Ma un'opinione pubblica distratta, l'inerzia della politica e delle istituzioni e una narrazione edulcorata da parte dei media le hanno permesso di restare confinata in una dimensione «chiusa», periferica, di sostanziale «accettabilità». Un paradosso, se si tiene conto della progressione reazionaria innescata da una parte della politica locale e dalla serialità delle vicende registrate dalla cronaca. Vicende che hanno contribuito massicciamente e plasticamente a rafforzare quello che molti, per derubricare o minimizzare, considerano solo uno stereotipo. Eppure, come vedremo, quest'etichetta la Verona nera non la rifiuta affatto, anzi: ama indossarla come fosse uno smoking. Verona non è più semplicemente la città in fondo a destra. È una città compressa dentro il suo corpo, una città che tiene schiacciata nell'ombra – mediaticamente – l'altra Verona. La Verona laica e cattolica ma comunque aperta e progressista, che rifiuta ogni forma di razzismo così come la macchiettistica definizione di nuova «Vandea d'Europa», che le è stata appiccicata da Forza Nuova.

Il momento di svuotare il vaso nero di Verona è arrivato. Ciò che esce fuori va mostrato agli occhi dell'Italia e dell'Europa. Perché sono storie e questioni che non possono più restare inevase. Insieme ai profili e alle parabole dei loro controversi protagonisti hanno la forza di interrogarci, di bucare il velo della connivenza, della convenienza, del calcolo, dell'ipocrisia, del benaltrismo e della banalizzazione, di smuovere gli ignavi e svegliare le coscienze. Perché oltre le mura della città, e anche dentro, c'è un mondo pieno di colori da riscoprire e da rimettere nella tavolozza della società civile. Perché di fronte al mondo la città dell'amore non può essere anche la città dell'odio.

1

A casa di Pierrot

Parto alla luce bianchissima di un'alba di marzo, due ore di viaggio e un'immagine in testa: la sua faccia. La prima volta che la vidi in fotografia su un giornale avevo dodici anni o giù di lì. Ricordo che mi sembrò identica a quella di un ragazzo che conoscevo. Adesso quel volto mi scorre davanti, si scosta, appare e scompare in dissolvenza mentre lo sguardo ancora assonnato scivola sul New Jersey dell'autostrada A4. L'ho ripassato più volte in rete ieri notte. Ho googlato per scorgere i cambiamenti, le pieghe. È come prendere una rincorsa prima del salto, che sarebbe il momento in cui devi provare a leggere il linguaggio del corpo. Decido di portarmi avanti anche per questo: per ridurre al minimo il rischio che il suo tempo e le sue abitudini neutralizzino i tentativi di incontrarlo e di parlarci. Non so a che ora esce. Non so che cosa faccia né se esista un momento migliore di altri. Ma voglio sia lui il primo tassello da incastrare nel mosaico di questo viaggio nel nero. Un viaggio scandito da tempi disordinati e misure asimmetriche: gli scatti improvvisi, la pazienza delle attese, fili da tirare, storie da riconnettere. Gli appuntamenti, le telefonate. Mi è venuto naturale pensare a lui perché è un precursore del crimine ideologico, un apripista di un certo modo di pensare e di agire. Il bon butèl veronese: buono di giorno, cattivo la notte. L'angelo che fa il diavolo senza togliersi il vestito. Un intarsio nella cornice di una storia che, nella sua ultima propaggine, si è presa almeno tre generazioni. Ecco il motivo per cui, quarantacinque anni dopo, ha un senso partire da qui.

Numero civico 3. L'ho appuntato su un foglietto: è quello che avevo e che almeno due persone della zona mi hanno confermato. Sul citofono, il nome scritto a penna. «Abel», in corsivo. Leggermente stinto dal tempo. Forse l'inchiostro ha già fatto un secondo passaggio. Penso sia stata una scelta anche averlo lasciato, senza nascondere o abbreviare. Facendo la posta sotto casa si sono ormai fatte le sei del pomeriggio. Premo il pulsante. Conto quattro secondi: dal fondo del viale – non passa attraverso il citofono – sale una voce stentorea. «Chi è?»

Pulita dentro e bella fuori

Per raggiungere la casa di Wolfgang Abel bisogna prendere una strada in collina che piega dolcemente tra il silenzio dei tornanti e i filari della Valpolicella. Montericco di Arbizzano, frazione di Negrar: dieci chilometri da Verona. Più sali e più il verde dei vigneti si mangia le ville. Le vedi proprio sparire come puntine nel tappeto sali e scendi delle coltivazioni che disegnano l'orizzonte. Cancelli di gran foggia, ogni tanto spunta un pezzo di casa, il sedere di un suv. Unici rumori: il vento e i cani che abbaiano. Nient'altro. Da quassù hai la sensazione di una bigotta quiete di provincia con la pancia piena; un manto da posare sopra lo sporco indifferenziato di cui il fluire degli anni e un individualismo distratto riescono a compattare ogni scoria. Anche la paura. Verona ci ha sempre tenuto: pulita dentro e bella fuori. Per iniziare a capirla, per penetrarne la facciata bisogna osservarla dall'alto, un po' da lontano. È la lente da posare, ti aiuta a ingrandire le contraddizioni di queste terre di benessere diffuso e, in molti casi, di cattivi pensieri.

«Chi è? Chi è?» ripete due volte. Eccolo, Pierrot. Al secolo: Wolfgang Abel, la metà di Ludwig. La sigla neonazista che, negli anni Settanta e Ottanta, da Verona insanguinò l'Italia (ma anche la Germania e i Paesi Bassi): dieci vittime accertate, ventotto sospettate. Una scia di delitti eseguiti soprattutto col fuoco e pianificati con la folle idea di ripulire il mondo da prostitute, omosessuali, senzatetto, tossicodipendenti, presunti viziosi, preti persino. Tipi umani che, nel codice Ludwig, equivalevano a dei parassiti. Abel e il suo socio distributore di morte – Marco Furlan, anche lui veronese, compagno di scuola – questa «feccia morale e sociale» la disprezzavano al punto da considerarla una crosta purulenta: presenze nocive, da sterminare. Una tanica di benzina e via. L'unica strada per preservare l'igiene della società.

Abel è Pierrot. Lo è perché è la maschera che indossa all'ultimo giro della roulette di morte: quando i due giovani serial killer, dopo sette lunghi anni di disastri sanguinari, compiono un passo falso, e da soli si fanno la pozza intorno. Vengono finalmente arrestati. È il 4 marzo 1984. Pierrot e il compagno hanno intenzione di incendiare la discoteca Melamara a Castiglione delle Stiviere all'interno della quale stanno ballando più di quattrocento ragazzi. Versano due taniche di carburante negli angoli della pista. Vogliono vedere la folla ardere come dentro un formicaio avvolto dalle fiamme. Accendono il fuoco, il liquido brucia ma la moquette è ignifuga. Non riescono a fuggire nemmeno loro: Ludwig si arrende. Sipario. Abel e Furlan finiscono in carcere. Processati e condannati a trent'anni (evitano l'ergastolo grazie a delle controverse perizie psichiatriche che ne stabiliscono la seminfermità mentale).

Trentasette anni dopo salgo a Montericco di Arbizzano. La volta buona cade di pomeriggio. «Buongiorno Abel.» Dopo due tentativi andati a vuoto Pierrot mi riceve. «Prego, entri, mi dica cosa vuole.» Ci siamo, finalmente. La prima cosa che noto è l'ordine. Un ordine maniacale, da chalet di montagna. In effetti la casa un po' lo ricorda. In giardino ci sono aiole basse, pini, qualche ulivo, il tagliaerba. Due casse di legno impilate, probabilmente di passaggio. A fianco della rampa del garage e del viale di ingresso inizia il prato e un telo bianco agganciato con dei morsetti di ferro copre uno scooter. Una Golf parcheggiata. Le ante delle finestre già chiuse alle 18 tranne quella del soggiorno che lascia aperto uno spiraglio. Sulla destra della facciata della villa un altro garage e il magazzino degli attrezzi.

L'ex fighetto della Verona bene, nato il 25 marzo 1959 a Monaco di Baviera, laurea in Matematica, una passione per la filosofia. Figlio di un avvocato consigliere di amministrazione della ARAG, importante gruppo assicurativo tedesco leader in Europa. In gioventù sedicente ecologista: una balla, perché in realtà, raccontarono i compagni agli inquirenti, era di estrema destra e punto. Un ragazzo col ciuffo accecato da un odio verso i locali notturni, i «postriboli», come li chiamavano lui e il socio. Dei gironi danteschi che, nell'archivio di Ludwig, finiscono nel file «luoghi di peccato e di perdizione». Oggi Abel ha sessantadue anni. Capelli bianchi, il ciuffo è un po' più corto ma ancora avviato. Stesso fisico magro e asciutto, zero rughe. Niente mascherina sul mento rasato. «'Sto Covid poi che roba è? Lasciamo perdere, va'» rimarca a voce alta. Indossa pantaloni di velluto color nocciola, pantofole tirolesi, un piumino azzurro sopra la camicia di flanella e la t-shirt.

Gioca d'anticipo, era prevedibile. «Sinceramente non capisco perché lei è venuto da me. Io ormai sono fuori da tutto e non seguo niente.» Metto in pausa la mia diffidenza, è difficile non farsi condizionare dalla storia. A differenza dei tratti tipici della maschera che si era calato sul viso in discoteca nell'ultimo atto del suo romanzo criminale, lo sguardo di Abel non è triste né silenzioso. Eppure non riesco a leggerci niente che sia indirizzato verso il futuro. È uno sguardo dritto, fermo, placido e insieme implacabile. La scintilla di una lama solo un poco spuntata. Gli occhi si posano addosso a chi gli sta di fronte. Ecco: al di là delle suggestioni, le lacrime d'inchiostro che ornavano il volto di Pierrot non riesci nemmeno a immaginarle. Qui c'è una faccia che pare sicura di sé, consapevole di tutto. «Ormai ho fatto il mio tempo, sono scaduto, dai. Non mi cerca più nessuno e questo è solo un bene. Voglio stare tranquillo, capito? Tranquillo.» Dribbla accennando un mezzo sorriso, che subito ritira.

Capisco che la conversazione si sta infilando in uno spazio stretto. Lascio sia lui, col linguaggio del corpo, a farmi capire se e fin dove osare. Chiedo ad Abel che cosa pensa della «Verona nera»; se e come è cambiata rispetto ai suoi tempi; perché, secondo lui, un pezzo di città e i suoi giovani si passano il testimone di una certa veronesità, un impasto di identitarismo spinto, di rabbia «antropologica» e di rifiuto del «diverso». Lui che i «diversi» li faceva fuori. Il silenzio dura pochi secondi. Poi arriva la prima risposta, di certo rivelatrice dell'uomo. «Puoi scrivere quello che vuoi. Tanto io non leggo quello che tu scrivi, e non conosco gente che legge quello che tu scrivi. Capito?» Dice così, serafico. In un quarto d'ora di colloquio è come se Abel entrasse e uscisse dal corpo. Un cassetto in carne e ossa. Prima mi parla della madre ottantasettenne che «non deve fare il vaccino» e a cui lui deve preparare la cena; poi butta lì alcuni pezzi di vita di oggi per tenere distante la vita di ieri, il passato che non passa.

«Faccio la mia vita, sono a posto con il mondo ma devo risolvere le mie problematiche esistenziali.» Quali, non lo dice. «Ho il mio lavoretto [fa il consulente informatico, *ndr*], altro non mi interessa. Niente.» Mentre con la voce calca le lettere di quella parola definitiva – «niente» – penso per un attimo a chi è e a cosa è stato l'uomo che ho di fronte in questo lembo di collina dove è adagiato un paesino di seicento abitanti: una delle frazioni più piccole di Negrar di Valpolicella. Che cosa diavolo ha combinato nella sua prima vita Abel, l'ex terrorista neonazi che mi parla a distanza ravvicinata, il volto a venti centimetri dal mio? Dentro quale abisso di odio, di terrore e di sangue ha piantato le croci degli impuri, muovendo da Verona e arrivando su fino a Monaco di Baviera e Amsterdam? E come lo ha fatto, e spinto da cosa? «La nostra fede è nazismo. La nostra giustizia è morte. La nostra democrazia è sterminio», «Il fine della nostra vita è la morte di coloro che tradiscono il vero Dio.» Sono le ultime rivendicazioni di Ludwig, accompagnate dall'aquila nazista, dalla svastica e dalla classica scritta *Gott mit uns* che era il motto della Wehrmacht. Simboli e proclami che, nella curva dell'Hellas Verona, fanno capolino a partire dagli anni Ottanta, proprio durante la stagione dei delitti seriali di Abel e di Furlan.

«Non l'ho più visto né sentito» dice Abel del suo ex sodale. «Abbiamo preso strade diverse e ognuno fa la sua vita. Litigato? No. Ma non abbiamo più avuto contatti. Non so dove stia, sinceramente, in questo momento, non ci penso nemmeno.»

Gli inabissati

La storia inizia nel prestigioso liceo scientifico Girolamo Fracastoro di Verona, frequentato dai figli dell'alta borghesia scaligera. Sui banchi del liceo Abel e Furlan diventano amici inseparabili. Stesse ideologie di estrema destra, stesso ovattato ceto sociale. Di Abel senior abbiamo detto, il padre di Marco Furlan, invece, è un rinomato chirurgo plastico, primario al centro grandi ustionati dell'ospedale civile maggiore di Borgo Trento, lo stesso che curò alcune delle vittime di Ludwig.

Wolfgang e Marco viaggiano insieme all'estero: Spagna, Grecia, Germania, Egitto, Thailandia, Russia. Ma a Verona si inabissano. Mentre i loro amici vanno a ballare e si divertono con le ragazze nei locali del Garda, loro puntano a diventare dei Caronte armati di odio. Talenti del male o «angeli sterminatori», per usare una definizione di Enzo Biagi. Nella loro comfort zone scaligera formano un sodalizio stragista. Una specie di cellula terroristica autarchica.

Lupi solitari, si direbbe oggi. Due lupi che tendono alla misoginia, che si muovono silenziosi ai bordi del bosco nero della Verona di quegli anni. Che scelgono con cura le prede. Le studiano scavando nelle loro storie, poi le accerchiano. Non frequentano nessuna formazione politica. Sono lontani dalla militanza. Rifiutano la mondanità e la leggerezza perché chi vive libero e leggero, o sotto il «grado di decenza» del loro modello di società, è un'ossessione e assume le forme di un incubo. Il motivo dell'inabissamento di Abel e Furlan è il fine: perché queste due schegge impazzite – che vestono camicie sartoriali e maglioni di cashmere e portano Ray-Ban a goccia che poi diventeranno una prova per incastrarli – è in alto che puntano. Vogliono solo una cosa: fare pulizia. E che l'Italia parli del sangue che fanno scorrere.

La mente, secondo le indagini, è lui, Wolfgang Abel. Allora, per l'anagrafe, era anche un cittadino tedesco. In una testimonianza una ragazza che lo aveva conosciuto lo descrive così: «Un misogino infarcito di ideologie naziste e di filosofemi vitalistici da superuomo». Quando chiudono la carriera con l'ultimo raid (a Castiglione) hanno ventiquattro e venticinque anni. Quando la iniziano, Furlan è ancora minorenne e non si è ancora laureato in Fisica. «Io ho fatto ventitré anni di carcere, ho pagato fino in fondo i miei conti con la giustizia» mi dice Abel. «Dal 2017 sono un uomo libero. Finalmente, dopo tanto tempo e tanti rifiuti alle richieste di libertà dei miei avvocati, hanno capito che non sono un pericolo per la società. Io non sono mai stato un pericolo. Per nessuno, neanche per me stesso.»

A Montericco tutti sanno. Non un fantasma che aleggia, ma insomma. La casa, le rare uscite, i rapporti coi vicini, «buongiorno» e «buonasera». L'anziana madre tedesca. Mamma e figlio si parlano in tedesco. «Io guardo solo la tivù tedesca e leggo ogni giorno "l'Arena" [il quotidiano locale di Verona, *ndr*]. La politica? Me ne frega zero. Sento solo queste stronzate sul Covid... Devo anche fare il vaccino. Mia madre no, tanto lei sta sempre in casa.» Parla a scatti, è come se alla fine di ogni frase volesse misurare l'effetto che fa.

La casa è rimasta questa: la villa di famiglia in un nonluogo residenziale per gente benestante. Questa è una regola delle colline intorno a Verona: tante ville, poche piazze, rete sociale al minimo, conti correnti anticrisi. Macchine e schei. Silenzio e lavorare. Qui stava e qui è tornato a vivere Wolfgang Abel quando a Natale 2008 gli hanno concesso gli arresti domiciliari. Un anno dopo finisce di scontare la pena. Ma tra libertà vigilata e obbligo di firma per via della pericolosità sociale i suoi lacci con lo Stato resistono fino all'inizio del 2017. «Io vivo bene qua, questa è casa mia e non voglio sapere più niente di quelle storie. Esco poco e quando esco non vedo nessuno. Ma Verona mi piace, è una bellissima città che tutti ammirano perché qui si sta bene. Dai, Verona è civiltà.» Potrebbe sembrare un uomo attaccato alla sua terra ma poi anche no, l'aria è più quella di un apolide.

Le storie di Abel sono incise nella letteratura criminale italiana. Ludwig dà inizio alle danze dei suoi massacri nel 1977, quarantaquattro anni fa. La prima vittima è un senzatetto bruciato vivo in una vettura a Verona. Poi tocca a un sommelier padovano omosessuale: martoriato a bastonate e coltellate. Nel 1979, un tossicodipendente di Venezia, stesso trattamento. Non c'è ancora la firma, arriva nel 1980.

Un volantino indirizzato alla redazione del «Gazzettino» mette il marchio sull'ingresso in società di Ludwig. Con quel comunicato scritto a caratteri runici la banda si presenta e rivendica i tre omicidi. Ne seguiranno altri. Il movente è sempre ideologico. Punire i «diversi», gli «indegni». Colpire la loro impurità morale, razziale, sociale. Delitti dove i bersagli hanno un'unica colpa: esistere. A cadere sotto la furia di Abel e Furlan sono persone appartenenti alle categorie a cui l'estrema destra è più ostile. Perché in quegli anni a Verona si respira già quel clima. Sulla scena politica extraparlamentare sono attive decine di gruppi e gruppuscoli neofascisti e neonazisti. Ludwig è in linea. La sua natura è politica, come politica è la sua spietata azione.

Sulla base di diverse deposizioni nel processo sulla strage fascista di piazza della Loggia a Brescia – lo ricostruisce Saverio Ferrari nel libro *I nazisti di Ludwig e il rogo del cinema Eros* – è possibile oggi ipotizzare che Ludwig rappresentasse, di fatto, un'articolazione dell'organizzazione neofascista Ordine Nuovo. Una sorta di filiazione. Che si inquadra sì nella cornice della strategia della tensione portata avanti in quegli anni dall'eversione nera, ma, allo stesso tempo, si autodetermina, dandosi una vita criminale propria. La tesi della «filiazione» fu sostenuta da Giampaolo Stimamiglio, ex importante ordinovista, e, in un interrogatorio dell'11 febbraio 2015, sempre inerente alla strage di piazza della Loggia, da tale Albino De Russi. Il quale riferisce le parole di Rita Stimamiglio, anche lei ON, che «considerava Ludwig una propria creatura, una cosa sua». A ogni modo: se di linea politica si deve parlare, quella di Ludwig prevedeva la soluzione del problema alla radice.

Sangue, omicidi mirati. Uccidere senza tregua. E infatti la falce degli angeli sterminatori continua ad abbattersi.

20 dicembre 1980: a Vicenza una prostituta di cinquantadue anni viene massacrata a colpi di accetta. 24 maggio 1981: le fiamme appiccate intorno a una specie di capanno trasformato in giaciglio dai tossicodipendenti non danno scampo a uno dei tre giovani che dormivano all'interno (due si salvano per miracolo). 20 luglio 1982: nove giorni dopo il trionfo dell'Italia nella Coppa del Mondo di calcio nei titoli dei giornali irrompe di nuovo la sigla neonazi, che si scoprirà poi essere Made in Verona. A Vicenza due anziani frati vengono uccisi a martellate. La stessa sorte tocca, il 26 febbraio 1983, a un altro anziano sacerdote, siamo a Trento. Anche i preti sono indegni? Chi sono i religiosi che Abel e Furlan mandano al creatore? A quale Dio si riferisce Ludwig quando nel volantino al «Gazzettino» rivendica con il solito *Gott mit uns*, «Dio con noi», le azioni del 1977-'78-'79? È un aspetto interessante che ritroveremo più avanti, perché il tema della commistione tra estrema destra e area ultracattolica e tradizionalista è centrale nel racconto e per l'analisi della scena contemporanea veronese. Ma va detto che la nazifascisteria di quell'epoca era pagana, evoliana. Né di Abel né di Furlan si ricorda una fede così fervente. Non sono dei senza Dio, ma gli investigatori si interrogavano su quale fosse, davvero, il loro Dio.

Il riferimento ai «traditori del vero Dio» del loro comunicato – nonostante svastiche e rune – apre a ipotesi e congetture. Forse Ludwig vuole punire i non ortodossi, quelli che non aderiscono all'ala più conservatrice del Vaticano: e, guarda caso, tutti e tre i religiosi rientravano in questa categoria. C'è un macabro particolare che «parla», nelle cronache del delitto di Trento: i poliziotti che arrivano sulla scena del crimine sono incuriositi dal punteruolo conficcato nel cranio spezzato del prete. Intorno al manico è legato un crocifisso. Se si pensa all'estrema destra di oggi, a quanto sia vicina all'ala più tradizionalista della Chiesa, fa un certo effetto. Ma chi era davvero l'ispiratore di Ludwig?

Tra Hitler e Ordine Nuovo

A casa di questo sessantenne vestito da bassa montagna che mi riceve in giardino e mi fissa negli occhi come per testare la mia resistenza al peso del suo passato criminale – un passato che ancora oggi lui in teoria nega –, nel 1984, al momento dell'arresto, trovarono un libro. Il romanzo di Ignazio Silone *L'avventura di un povero cristiano*. Secondo il giudice Mario Sannite – che si occupò della vicenda Ludwig – l'origine della sigla deriva da frate Ludovico, uno dei personaggi del romanzo, un religioso noto per la sua intransigenza e per la naturale inclinazione all'inquisizione. Altre ipotesi avanzate all'epoca riconducevano al famoso Ludwig di Baviera, a Ludovico vescovo di Tolosa, a Ludovico di Caloria. Valerio Evangelisti dieci anni fa affacciò una strada alternativa: il filosofo tedesco Ludwig Klages. Tra gli ispiratori della destra più estrema, che si è appropriata del suo pensiero, accusato di antisemitismo e ritenuto vicino al nazionalsocialismo da cui fu però isolato, sosteneva un'opposizione assoluta tra l'anima vitale e lo spirito razionalista, costruttore dell'io e distruttore dell'istinto. Klages fu tra i precursori del movimento ecologista in

Europa, la corrente alla quale, millantando, Abel diceva di aderire idealmente.

Dopo l'attentato incendiario a un cinema porno a Milano (l'Eros Sexy Center, 14 maggio 1983, sei morti tra gli spettatori; la più grave strage a sfondo politico dopo piazza Fontana) e in un night a Monaco di Baviera (il Liverpool, 8 gennaio 1984, decine di ustionati, muore una ragazza italiana che lavora nel locale), si consuma lo showdown dei «ripulitori del mondo»: il flop al Melamara di Castiglione delle Stiviere. Abel e Furlan all'inizio non parlano: il primo grida al complotto e il 9 marzo 1984, in cella, tenta di recidersi le vene con una lametta da barba.

Della sigla del terrore si ha finalmente contezza. Di tutto. Il movente («la nostra democrazia è sterminio»), le modalità, i biglietti da visita (i farneticanti volantini realizzati con lettere runiche), gli attrezzi del mestiere (le borse per contenere le taniche di benzina). Il 10 febbraio 1987 la giustizia fa il suo corso: trent'anni di carcere per entrambi (il pm aveva chiesto l'ergastolo). Quelli di Abel si ridurranno a ventitré. Furlan ne farà diciassette. Le vittime accertate sono dieci. Altre ventotto uccisioni – qualcuna rivendicata dalla sigla – restano senza colpevole.

Dopo i cinque tentativi di suicidio seguiti all'arresto, Wolfgang ritrova una sua linea di assestamento: ma non si è mai pentito. Né confessa, né rivela. Si ritiene, anzi, innocente. «Guardi, io non c'entro niente con la vicenda Ludwig. Mi hanno messo in mezzo perché ero un cittadino tedesco e secondo la procura di Verona Ludwig nasceva in Germania. Risultato: ho fatto ventitré anni in carcere da innocente.» È la stessa versione che aveva già sostenuto in una trasmissione tv nel 2017. Un sedicente innocente, che però non ha mai voluto chiedere la revisione del processo.

Della storia di Ludwig – al netto del fatto che è una vicenda di sanguinaria criminalità e di terrorismo – l'aspetto che più mi interessa è quello che ha rappresentato nel Nordest, nel Veneto, a Verona. L'impatto che ha avuto all'epoca e il portato che ha trasmesso in questi quarant'anni in un territorio non esattamente impermeabile alle idee di chi considera il «diverso» un pericolo da contrastare, un fastidioso parassita. Quando Abel e Furlan furono arrestati, dagli ambienti dell'estrema destra veronese non ci fu nessuna condanna né presa di distanza formale. Nemmeno una parola. Da alcuni anni in Veneto, in particolare a Verona e Vicenza, era già attivo il movimento skinhead, con una serie di sigle e piccole formazioni. Tra il 1985 e il 1986 – e cioè un anno dopo l'arresto di Ludwig –, per iniziativa di Piero Puschiavo (oggi dirigente di Fratelli d'Italia e portavoce del circolo territoriale del partito a Lonigo, Vicenza) e Ilo Da Deppo, nasce il Veneto Fronte Skinheads. Matrice neonazista, razzista e antisemita. La formazione più a destra nella galassia nera italiana, ancora attivissima e oggi strutturata in una sorta di franchising che da tempo ha superato i confini del Veneto.

Ci fu chi derubricò la stagione di sangue di Ludwig a follie di gioventù di due «pazzi». Questo anche in virtù del riconoscimento in sede giudiziale della seminfermità mentale che ridusse la pena a cui furono condannati i killer seriali. Ma i due pazzi, forse, per qualcuno avevano avuto il coraggio di fare quello che tanti immaginavano soltanto, e magari speravano arrivassero menti e mani in grado di farlo al posto loro. Il confine sottile tra psicosi e ideologia per molti rappresentò solo una questione di lana caprina. Ne è prova un fatto: anche dopo l'arresto di Abel e Furlan, Ludwig continuò a essere un marchio, un brand neonazista. Che poi ha iniziato a vomitare il suo odio solo contro gli immigrati. Gli epigoni della banda entrano in azione a Firenze nel 1990 (un violento pestaggio da parte di un gruppo di giovani mascherati contro ambulanti extracomunitari e pusher magrebini), a Pisa cinque anni dopo (giocattoli e scatole esplosive per attirare stranieri, in particolare bambini nomadi, che causarono mutilazioni, anche ai danni di un trans brasiliano). «Questo è solo l'inizio. L'erba cattiva bisogna estirparla subito prima che contagi quella buona» scrivono gli emuli del primo Ludwig riproponendo la frase mantra. «La nostra fede è nazismo. La nostra giustizia è morte. La nostra democrazia è sterminio.»

Chiedo ad Abel: perché questa roba nasce a Verona? La sua risposta suona surreale. «Questa è una città straordinaria. Perché parlarne male? Non è un problema di Verona, e poi di quello che succede a Verona io non sono a conoscenza.» Scantona, usa un'ironia sprezzante dietro un sorriso sardonico. Gli ricordo che se legge, come mi ha detto, ogni giorno le cronache del quotidiano locale conosce benissimo ciò che accade in città e provincia. La propaganda razzista dell'estrema destra. Le iniziative nostalgiche. Il revisionismo. I cori neonazisti degli ultrà dell'Hellas. «Ma dai, stiamo parlando di ragazzi e io con questa roba non ho niente a che vedere. La politica non mi interessa, nemmeno il calcio. Quello che fanno i fascisti o chi per loro non è un problema che mi riguarda. Io non sono fascista. E gliel'ho detto: seguo la tv tedesca. Lei mi parla di giovani, io ho sessantadue anni e i giovani non li vedo e per me possono fare quello che vogliono. Bene! Adesso la saluto che devo andare a preparare la cena a mia madre.» Il cancello di casa Abel si chiude facendo un rumore stridulo. Non si blocca con un colpo secco. Sembra la metafora perfetta di un'epoca piena di ombre che il tempo deve ancora impacchettare. Un'epoca non ancora destinata all'oblio. Non foss'altro che per i fantasmi che vi aleggiano intorno ogni volta che rispunta.

L'incontro con Ludwig resta impresso nella mia mente: le poche parole calcolate, l'espressione, lo sguardo, il movimento dei muscoli del viso. Tutta roba che mi accompagnerà nell'esplorazione dei cerchi concentrici della Verona nera. Come se quella storia, certamente estrema come nessuna delle altre, davvero rappresentasse la matrice di tutti i tasselli del mosaico. Un potentissimo e violento passepartout, un codice in grado di schiudere le porte di altre dimensioni – quelle dell'«oggi» –, di questa storia lunga tre generazioni. Passa un'auto davanti a casa Abel. Chi è alla guida lancia un'occhiata svelta verso quel giardino perfettamente in ordine. A Montericco, alle porte di Verona, adesso si sente solo la voce del vento.

2

F e N. Il passato che non passa

«Sa cosa c'era là sotto?» No. «Venga, le faccio vedere.» L'ex palazzo dell'INA in centro a Verona è un elegante edificio anni Trenta. Marmi, legno, curvature, volumi generosi. L'atrio è ampio e da lì partono due scale. Fuori, corso Porta Nuova brulica di vita e di traffico. Fino all'ingresso in piazza Bra è un viavai di auto, taxi, scooter, lo struscio davanti ai negozi, studenti, lavoratori. Il corpaccione dell'Arena spunta dietro i Portoni. A ottantatré anni Guido Papalia sorride di quella che appare a tutti gli effetti un'ironia del destino: dove mai poteva abitare il magistrato che a metà anni Novanta smantellò il Fronte Nazionale del neonazista Franco Freda se non nel palazzo che, durante l'occupazione tedesca, era la sede del più ramificato organismo dell'apparato poliziesco al servizio di Hitler e della sua violenza?

Prima di salire in casa e raggiungere lo studio, una stanza inondata di luce piena di libri e carte, scendiamo nelle cantine dell'edificio. «Qui sotto i nazisti, tra il 1943 e il 1945, il biennio di Salò, interrogavano e torturavano avversari politici ed ebrei» mi racconta Papalia. «Verona era la base italiana dell'RSHA [Reichssicherheitshauptamt, Direzione generale per la sicurezza del Reich, *ndr*], che controllava e gestiva gli organi di repressione del Terzo Reich.» Oggi al piano interrato del palazzo INA ci sono le cantine e i ripostigli delle famiglie che abitano il condominio. Fa effetto pensare a quando da qua sotto si alzavano le grida dei prigionieri prima di essere deportati o a quando il generale delle SS Wilhelm Harster – lo racconta Sara Berger nel libro *I signori del terrore* – dalle finestre lanciava uno sguardo sul corso e impartiva ordini ai suoi sottoposti Friedrich Bosshammer e Theodor Dannecker, i responsabili in Italia della caccia agli ebrei.

Chissà se Franco Freda, già ideologo di Ordine Nuovo, oggi ottantenne, sa che il suo più grande inquisitore – l'uomo che fermò i suoi deliri razzisti ed eversivi – abita in questo luogo simbolico entrato negli archivi e nei libri di storia.

Il più noto magistrato di Verona riceve in un pomeriggio di zona arancione. I suoi racconti sono come la pallina di un flipper che rimbalza addosso alle sponde delle decine di inchieste e di ordinanze che ha firmato e che per un quarto di secolo hanno riempito le cronache dei giornali e delle tv. Da Tangentopoli – pescò con le mani nella marmellata due ministri (Gianni Fontana e Giovanni Prandini) e vari sottosegretari; il sindaco Gabriele Sboarina (cugino del padre di Federico Sboarina e conosciuto come il «sindaco dello scudetto» perché nella stagione 1984-85 l'Hellas Verona vinse il campionato); i presidenti della Cassa di risparmio, dell'Autostrada Serenissima, dell'aeroporto Catullo, dell'AGSM. Nel palmarès ci sono la liberazione del generale statunitense James Lee Dozier, rapito dalle Brigate Rosse; le operazioni Arena 1, 2 e 3 con cui assicurò alla giustizia 450 narcotrafficanti che avevano trasformato Verona nella «Bangkok d'Italia». E poi il tanko e il tanketo, i «carri armati» che il 9 maggio 1997 assaltarono il campanile di San Marco a Venezia. Fu lui a spedire in carcere gli otto serenissimi venetisti autori del blitz. Anche di Lega si occupò Papalia: celebre fu la sua indagine sulle «camicie verdi» padane. Ordinò l'irruzione della polizia nella sede milanese della Lega in via Bellerio, e da allora il procuratore è nella lista nera di Umberto Bossi e Roberto Maroni.

È andato in pensione nel 2013 dopo quarantotto anni di servizio e decine di inchieste che hanno attraversato un quarto di secolo di storia del Nordest italiano. Ha smesso non perché non ne avesse più voglia, ma per raggiunti limiti di età. Fosse stato per lui, e si capisce, sarebbe andato avanti, e ancora oggi – per la minuziosa precisione con cui argomenta e tira i fili degli anni dell'estremismo di destra che contrastò da procuratore capo – farebbe la differenza.

Analizziamo la fotografia che Papalia scatta della città. «Durante il fascismo e nel periodo della RSI Verona aveva un potere enorme. Questo potere per conservarsi aveva bisogno di fare proselitismo tra i giovani. Che è un po' quello che fa anche la mafia. E dunque la città che era interessata a mantenere quel potere ha deciso di puntare sui giovani. Il neofascismo veronese fa leva sulla difesa del territorio, in particolare del centro storico: è, in scala provinciale, la tutela della sovranità della patria esattamente come la intendeva il fascismo. Chi non è bene accetto, viene respinto, emarginato, escluso. Dal fascismo in poi il concetto della difesa della razza qui non è mai scomparso, è diventato ideologia. E sa perché sopravvive? Perché chi avrebbe il dovere istituzionale e civile di condannare con fermezza certi episodi, il linguaggio d'odio, l'intolleranza, la propaganda razzista e fascistoide, non lo fa: tollera, lascia passare. O, peggio, strizza l'occhio.»

Borghesia nera

Le mani di Guido Papalia affondano come artigli nella montagna di carte che lo circondano facendo sembrare la sua scrivania una specie di bunker. L'ex capo della procura di Verona si tira su le maniche del maglione, affila lo sguardo veloce e seleziona con rigore certosino le cartelle dove sono raccolti i documenti. Raccontano – con molte sentenze passate in giudicato – una ventina d'anni di estremismo nero. Un fenomeno che mai si è allontanato dallo snodo Verona. Né quando le indagini le faceva lui, né dopo. Dal Fronte Nazionale di Freda a Forza Nuova, in quei faldoni c'è la storia di un percorso ininterrotto. La simbologia, i richiami, i collegamenti, i rituali – molti dei quali segreti –, i codici, i protagonisti. E ancora: nomi, indirizzi, testimonianze, perizie.

Per riavvolgere questo filo scuro dalla parte dello Stato, Papalia è la persona ideale per due motivi. Uno: il suo racconto poggia su ciò che la giustizia ha accertato. Due: lo sguardo è quello di chi è stato chiamato a far rispettare – applicando le leggi – i valori sanciti dalla Costituzione repubblicana, antifascista e antirazzista. «C'è una verità giudiziaria e c'è una verità storica. Quando le due cose vanno a braccetto, di solito, si può parlare di giustizia giusta» è l'inciso. Il magistrato mediaticamente più in vista nella storia della giustizia veronese, per le sue inchieste, è finito più volte nel mirino della galassia della destra estrema. «I neri mi vedevano un po' come la loro bestia nera, scusi il gioco di parole. Ma la legge è legge. La legge Scelba e la legge Mancino non sono un optional, anche se vengono applicate troppo poco rispetto a quanto bisognerebbe.»

Una pistola avvolta nella carta della «Padania» (il defunto quotidiano della Lega); proiettili di vario calibro; una lapide funebre con tanto di croce e foto nell'ovale e la scritta «Guido Papalia. Morto eroicamente con la Repubblica italiana», accanto alla quale posò in una fotografia l'ex sindaco Flavio Tosi, che Papalia fece condannare per odio razziale. Sono alcuni dei «messaggi d'affetto» ricevuti dal magistrato nei ventotto anni di servizio nella città scaligera, prima come pm e poi da procuratore. Acqua tiepida per uno che da Catania, dove è nato, si è fatto le ossa combattendo mafia e 'ndrangheta. Prima a Caltanissetta, poi, da sostituto procuratore, a Reggio Calabria. Lì i boss lo minacciavano durante gli interrogatori. Avvertimenti in puro stile mafioso, trasversali. Direttamente proporzionali agli arresti e ai sequestri dei patrimoni della criminalità organizzata che Papalia faceva eseguire. Nella città più ricca del Nordest, invece, la principale colpa di Papalia fu aver fatto condannare, appunto, per istigazione all'odio razziale l'allora sindaco leghista Flavio Tosi. Tosi che, oggi divenuto un centrista moderato, all'epoca flirtava con l'estrema destra.

Papalia mi descrive la curva percorsa da due consonanti. La F e la N. Due lettere che ritornano e che, nell'arco di trent'anni, occupano il campo della destra neonazifascista italiana. F e N sono le iniziali del Fronte Nazionale e di Forza Nuova. Un caso? Neanche un po'. «C'è stata una continuità, di rapporti e anche di simboli, tra l'esperienza di Freda e quella di Fiore. Una continuità che si dipana a Verona. Forza Nuova in Veneto nasce da quel retroterra. Paolo Caratossidis, allora capo veneto di FN, padovano, aveva rapporti con Freda, anche lui di Padova.»

Il Fronte Nazionale nasce nel 1990, ma le indagini di Papalia lo colpiscono già nel 1993. La prima sentenza è del 1995 e nel 1997 (anno di nascita di Forza Nuova, fondata dai neofascisti latitanti all'estero Roberto Fiore e Massimo Morsello) è già uscito di scena e verrà sciolto con decreto del ministero dell'Interno il 9 novembre 2000. È storia. E la storia parla. La storia dice che su Verona e da Verona muovono i primi passi sia il Fronte Nazionale sia Forza Nuova (per quanto riguarda il Nord). Nella città culla della RSI il terreno è da sempre favorevole. «È una città molto borghese che è sempre stata di destra» dice Papalia. Anche i simboli dei due movimenti sono molto simili. Si tratta di monogrammi giocati sull'equivoco di una stilizzazione delle iniziali che, in realtà, corrispondono alla rappresentazione grafica di mezza croce uncinata.

Il passato che non passa

Nella prima sentenza che mette fuori gioco il Fronte Nazionale e condanna i fondatori e gli appartenenti all'organizzazione che voleva imporre il suprematismo razziale in Italia si legge che la «vera e propria sede locale non ufficiale del movimento» era l'appartamento nella disponibilità di Maurizio Trotti a Verona, epicentro delle attività nonostante la sede ufficiale fosse in via Bergamo a Milano. Trotti era l'addetto della sede territoriale veronese, Aldo Gaiba il coordinatore per il Nordest (le altre tre zone in cui l'organigramma del FN suddivise l'Italia erano Nordovest, Centro e Sud). In alto c'era il capo, denominato «il reggente». Lui, Freda, leader politico e editore con la casa editrice padovana AR (inteso come radice di «ariano»), accusato con Giovanni Ventura della strage di piazza Fontana del 12 dicembre 1969 – come lui assolto nel processo di Catanzaro e nel 2005 riconosciuto colpevole (ma non più processabile) da una sentenza della Cassazione –, condannato per una serie di attentati dinamitardi e per associazione sovversiva, nel 1990 Freda partorisce l'idea di fondare «un movimento politico esplicitamente razzista». Nell'alveo di quello che fu Ordine Nuovo.

Nel decreto di rinvio a giudizio del 21 gennaio 1995, a cui fa riferimento la sentenza dello stesso anno, si legge che: «Il movimento politico Fronte Nazionale ha finalità antidemocratiche proprie del Partito fascista, un vero e proprio nucleo organizzato di ricostituzione del disciolto Partito fascista [...] fondato su dichiarate posizioni di radicalismo razzista contro gli extraeuropei presenti sul territorio [...] secondo una più ampia visione secondo cui spetterebbe alla razza bianca una funzione egemone e di guida rispetto alle razze di colore». E ancora, sempre secondo la sentenza del 1995, «di inequivoca ispirazione nazifascista è l'ideologia professata dal Fronte». «Senza fretta ma senza tregua» è il motto che apre e chiude il documento fondativo (il 21 dicembre 1990) del movimento. «Senza fretta ma senza tregua» per arrivare all'obiettivo. Quale? «Illuminare noi e gli altri come noi sui vari caratteri della questione razziale, per contrastare gli effetti di snaturamento e deformazione della vita della nostra razza, suscitati dal caos etnico in cui stanno precipitando la nostra Patria e le altre Nazioni europee.»

La struttura verticistica e chiusa del Fronte, negli intenti di Freda, è premessa e condizione affinché possa «trionfare l'ideale» di ispirazione neonazista di una razza su tutte, e «tanto più facile sarà il raggiungimento del trionfo dell'ideale quanto più chiusa, rigida e solida sarà l'organizzazione che appoggia la lotta». Per capire quanta Verona e quanto Veneto c'era nell'attività dell'organizzazione, e tra gli adepti e i dirigenti del Fronte, bisogna leggere le carte. Nel decreto che dispone il giudizio per i neonazisti del Fronte sotto i sei nomi dei fondatori e dirigenti del movimento – il leader Franco Freda e i suoi colonnelli Cesare Ferri, Aldo Gaiba, Vincenzo Campagna, Antonio Sisti e Ferdinando Alberti – ci sono decine di camerati. Dal 1990 al 1995 – scrivono i magistrati – hanno preso parte alle attività di un'organizzazione che esaltava la «violenza quale metodo di lotta politica, la propaganda razzista, l'esaltazione di esponenti, fatti e metodi del fascismo e del nazismo».

Nel mazzo degli imputati balzano all'occhio due nomi. Uno, quello del capo veronese Maurizio Trotti, nato a Castelnuovo del Garda e residente a Pizzon di Caprino Veronese, l'abbiamo già incontrato. L'altro è quello di Stefano Stupilli. Chi è costui? E perché è interessante in questo racconto di un passato che non passa, ingrandito dalla lente di Papalia? Andiamo con ordine. Classe 1966, veronese. Stupilli viene arrestato il 12 luglio 1993 insieme a Freda, Ferri e Gaiba. Pochi giorni dopo le manette scattano anche per Maurizio Trotti, che di Stupilli è sodale. Curiosità: Stupilli e Ferri sono difesi, loro e altre decine di imputati, dall'avvocato neofascista Roberto Bussinello (poi Forza Nuova e oggi responsabile politico per il Veneto di CasaPound, come vedremo più avanti). Uno che sui social, sotto l'immagine della tartaruga simbolo dei «fascisti del terzo millennio», si presenta così: «Avvocato penalista, innamorato dell'Italia, orgogliosamente bianco ed etero. Prima gli italiani non è uno slogan, è uno stile di vita». Stupilli e il suo ex legale sono rimasti in ottimi rapporti. Il giro è quello della Verona dei saluti romani, delle croci uncinate, delle briscole identitarie. Dei convegni con esponenti di Lega e Fratelli d'Italia. Un giro che ingloba il potentato politico locale. E Stupilli gli attuali vertici della politica veronese, impegnati in una costante virata a destra, li conosce bene, li sostiene.

Il cerchio

È il 26 settembre 2017. Su una bella terrazza privata in centro città il fior fiore dei camerati scaligeri si riunisce per un pranzo conviviale. Clima disteso, abbigliamento casual, vino e spaghetti. La casa è di Vittorio Bonfanti, ex coordinatore di Verona Pulita, lista civica che in Consiglio comunale fa da stampella e da megafono a ogni iniziativa del sindaco Federico Sboarina. E chi è l'ospite d'eccezione del ritrovo nero? Proprio il neosindaco Federico Sboarina. È stato eletto tre mesi prima con il sostegno, tra gli altri, dei neonazisti di Fortezza Europa che ha tra i suoi fondatori un uomo di fiducia del sindaco: quell'Andrea Bacciga, detto «Barzi», passato dalla lista Battiti – la lista del sindaco – alla Lega. Sboa e Barzi si fanno fotografare abbracciati sulla terrazza di Bonfanti. Un ombrellone bianco protegge dal sole settembrino. Vicino a loro, insieme a Nicola Martello, ultrà dell'Hellas noto alle cronache per violenze, c'è un volto inconfondibile. Quello di Stefano Stupilli. Oggi cinquantacinquenne, l'ex delfino di Franco Freda e dell'ex terrorista di Ordine Nuovo, Giovanni Ventura, indossa una polo grigia. Lo stesso colore della lunga barba da legionario. Occhiali Ray-Ban a goccia. «Non mi meraviglia ritrovare questi vecchi nomi oggi» dice Guido Papalia, che per Stupilli dispose l'arresto nell'operazione con cui smantellò il Fronte Nazionale. «Questo la dice lunga sui giri larghi e sui grandi amori della destra, amori mai sopiti e che poi si riaccendono.»

La presenza di un ex allievo di bombaroli neonazisti a un incontro amichevole con Sboarina e camerati chiude un cerchio ideale. Come lo chiudono i libri che Andrea Bacciga, sempre nel 2017, dona alla Biblioteca civica di via Cappello: una serie di volumi che «raccontano verità scomode». Tra opere del gerarca nazista Léon Degrelle e un libro a fumetti dedicato a Sergio Ramelli spunta, immancabile, anche *L'albero e le radici* di Franco Freda. Bingo.

Eccola, la continuità su cui insiste Papalia. Una linea tratteggiata che si allunga su queste terre, che arriva a Padova e Vicenza e a Verona ritorna. Dalla scrivania dello studio nell'ex palazzo della Gestapo spuntano altre carte. È la summa delle indagini svolte alla fine degli anni Novanta su Forza Nuova, la creatura politica di Roberto Fiore. E poi le inchieste su altri due gruppi della destra estremissima veneta: il Veneto Fronte Skinheads e Gioventù Nazionale. Quest'ultima, GN, all'epoca era l'organizzazione giovanile del MSI. Oggi lo è di FDI, il partito di Sboarina che per volontà di Giorgia Meloni l'ha rilanciata nel 2014 in versione under 30. Per la serie corsi e ricorsi della storia. Che cosa scoprì Papalia illuminando la notte dell'estremismo nero veronese-padovano? E che cosa, oggi, sembra rappresentare quel tempo che assomiglia a un oggetto immobile?

All'inizio degli anni Novanta l'Italia conosce il primo boom dell'immigrazione straniera. Un flusso di arrivi da Paesi europei ed extraeuropei, Africa del Nord in primis, segna una nuova fase nella composizione della nostra società. Integrazione complessa, ma anche un'ondata di xenofobia e razzismo. Nel 1991, era agosto, la nave mercantile albanese *Vlora* partita da Durazzo è protagonista di un evento che resterà impresso nella storia dell'Albania e dell'immigrazione albanese in Italia. Un evento che, di quella stagione, è un po' la fotografia: lo sbarco in Puglia, nel porto di Bari, di migliaia di migranti in fuga verso il nostro Paese. Ma le pulsioni identitarie e nazionaliste più forti in reazione al fenomeno migratorio arrivano dal Nord. Prima ancora della propaganda leghista – a quel tempo rivolta più che altro contro il potere centrale romano («Roma ladrona» è lo slogan della Lega bossiana) –, le cronache raccontano delle campagne intolleranti portate avanti dalle formazioni extraparlamentari di estrema destra. Di questo odio razzista – sbandierato, viscerale, filonazista – contro gli «allogeni» che «sporcano la razza», l'esperimento del Fronte Nazionale di Freda è l'elevazione alla massima potenza. Fino alla repressione decisa dallo Stato. Ma come nelle storie dove tutto sembra finito ma niente realmente finisce, ecco il seguito. Stroncato dalla magistratura e dalla legge Mancino, l'esperimento di Freda e dei vari Stupilli, subito dopo il suo tramonto, rivive, di fatto, nel laboratorio neonazifascista che porterà alla nascita di Forza Nuova. Un laboratorio che ha nel Veneto la sua sala macchine.

Come accerta la Digos, è intorno a un unico blocco nero che, tra Verona, Vicenza e Padova, si dipana la trama dell'ultradestra razzista degli anni dal 1995 al 2000. Il «succedersi e l'intrecciarsi delle sigle Gioventù Nazionale, Corporativa del lavoro e Gioventù Nazionale/Forza Nuova, al di là delle differenti denominazioni, fanno riferimento a un identico gruppo dirigente e a un pressoché omogeneo gruppo di militanti», scrivono gli investigatori nelle informative contenute nell'inchiesta condotta dal procuratore Bruno Cherchi ai danni della sezione padovana di Forza Nuova. È quella, di fatto – come ammetterà lo stesso Roberto Fiore, una volta rientrato in Italia dalla latitanza londinese insieme al suo socio Massimo Morsello – la sezione più vitale e robusta del Nord Italia. Dai documenti dell'indagine che va a colpire i neofascisti coordinati dal «Greco» Paolo Caratossidis, prima a capo di Gioventù Nazionale Padova e poi per anni dirigente di Forza Nuova fino all'addio in rotta con Fiore, emergono due cose di rilievo. La prima: tra Forza Nuova e l'ex capo del Fronte Nazionale ci sono contatti. A tenerli è lo stesso Caratossidis perché sta a Padova come Freda. I due si incontrano, si sentono, si confrontano.

A marzo 1998 Freda esorta Caratossidis a organizzare una grossa manifestazione a Venezia per il 21 aprile, «in concomitanza con la lettura della sentenza di appello per il Fronte Nazionale». Si parla di coinvolgere anche la Lega.

Ma il progetto viene meno perché Bossi e soci leghisti non hanno voluto aderire. E questo – emerge in una conversazione di Caratossidis con il camerata forzanovista Davide Olla, che sta a Londra – nonostante «quelli del Fronte Nazionale di Freda» siano «disposti a dare 50 milioni [di lire] per finanziare l'iniziativa e raccogliere adesioni in tutta Italia». Se era vero, fa una certa impressione. Siamo nel 1998. Vuol dire che, tre anni dopo la prima sentenza di condanna dei suoi vertici e degli appartenenti, e due anni prima di essere definitivamente sciolto dal Viminale, il sodalizio neonazista di Freda aveva comunque una disponibilità economica non indifferente.

Gli investigatori accertano anche un incontro chiesto da Freda alle nove di sera in piazza del Santo, davanti alla basilica di Sant'Antonio. È il 1999. Il «professore», come lo chiama Caratossidis, manifesta al dirigente forzanovista le sue preoccupazioni per l'indagine in corso contro Forza Nuova. Che vede indagato anche lo stesso Freda (difeso dall'avvocato Carlo Taormina, futuro deputato di Forza Italia e sottosegretario al ministero dell'Interno con Silvio Berlusconi). L'avviso di garanzia che il pm Cherchi appioppa a Freda è lo stesso arrivato a Caratossidis e camerati. Freda è in ambasce per i «possibili riflessi negativi» che questo avviso potrebbe avere sulla sua richiesta di affidamento in prova quale misura alternativa alla condanna ricevuta con la sentenza sul Fronte Nazionale. Il rapporto tra i due si fa sempre più intenso. «È il mio padre politico» confida Caratossidis ai suoi. Freda è chiamato, oltre che «il professore», «il nostro», un soprannome che testimonia quanto i suoi dogmi e le dritte fossero preziose per i forzanovisti.

«*Vota razzista*»

Incontro Paolo Caratossidis. Lo conosco da quando, nei primi anni Duemila, documentavo e denunciavo la propaganda violenta di Forza Nuova in giro per l'Italia. Da quando in pratica Papalia gli fece una radiografia giudiziario-investigativa perché era intorno al Greco che girava parte dell'estrema destra veneta del tempo. Caratossidis è da anni lontano dalla politica. Ha espresso dure critiche a Forza Nuova e in generale all'attuale ultradestra. Oggi fa il cuoco, il comunicatore e organizzatore di eventi legati al food. Mi conferma i rapporti e l'«interlocuzione» con il «professor Freda».

«Sì, ci confrontavamo. Era un uomo di cultura e di spessore, una spanna sopra a tutti. Ma c'erano delle differenze tra la sua impostazione e la nostra: Freda era anticristiano. I rituali del Fronte Nazionale erano tutti di ispirazione pagana, nazionalsocialista. Forza Nuova è ultracattolica dalla sua nascita. In teoria. Freda lo andavo a trovare. Io ero un ragazzino, lui un signore maturo. Ma veniva da una storia simile alla mia: è stato segretario del Fuan di Padova, che era inviso al MSI. Freda fu infamato dai missini, lo stesso destino mio, che nel 1996 venni espulso dal Movimento Sociale Fiamma Tricolore.»

Saranno state anche impostazioni diverse – una pagana, l'altra cattolica –, ma il terreno che accomunava i «vecchi» nazisti del Fronte agli eredi forzanovisti era uno e sempre quello. Il razzismo. «Vota razzista, Forza Nuova è la tua lista.» «Ripuliamo la città dalla porcilaia extracomunitaria.» Sono alcuni degli slogan degli uomini di Fiore a Padova. Candidato sindaco di Forza Nuova nel 1999 è Paolo Mocavero. Lascerà l'estrema destra per sposare la causa dell'ambientalismo militante con l'associazione «100 per cento animalisti». All'epoca, intercettato dalla Digos, si descriveva così: «Io sono un fascista e aborto e droga non mi chiava una sega, il prossimo simbolo è una svastica con bandiera rossa. Nazismo... nazismo... nazismo...».

Alla base della sfida politica di Forza Nuova – è scritto negli atti di indagine – c'era il razzismo contro gli immigrati. Lo comunica chiaro e tondo il 31 marzo 2000 ai camerati padovani e veronesi. «FN ritiene da sempre che l'immigrazione comporti un problema di ordine pubblico e una minaccia alle identità culturali, nazionali e religiose [...] Noi continueremo a battere su questi punti. Sono i punti che insieme alla lotta all'aborto e alla denatalità costituiscono la base del risanamento nazionale...» Franco Freda e Roberto Fiore si conoscevano dagli anni di piombo: entrambi militanti e poi figure di riferimento, uno di Ordine Nuovo e l'altro di Terza Posizione. Non è poi così sorprendente il fatto che le loro creature politiche fossero organizzate sul territorio con la stessa struttura. Anche Forza Nuova come il Fronte Nazionale è suddiviso in coordinamento Nordest, coordinamento Nordovest e coordinamento Centro e Sud. Il peso specifico esercitato dal Veneto, Verona in testa, è decisivo.

Eppure il percorso non fu semplicissimo. A Verona – plenipotenziario Marco Clemente, oggi vicepresidente di CasaPound – l'apertura della sede di Forza Nuova in via Duomo 10 arrivò come un risultato insperato perché, dopo il clamore del macigno giudiziario che aveva schiacciato il nazionalsocialismo etnico ed eversivo di Freda, i riflettori della procura erano accesissimi e l'attenzione dei media nazionali pure. Risultato: per almeno quattro anni, dal 1995 al 1999, «non era stato possibile aprire una sezione a Verona». Ma alla fine Forza Nuova passò. E qui entra in gioco l'altro elemento sostanziale accertato da Guido Papalia. Dall'inchiesta sul Veneto Fronte Skinheads, Forza Nuova e Gioventù Nazionale – siamo nel 1998 – emerge una sorta di cupola neofascista. Una cabina di regia che tra Verona, Padova e Vicenza tiene assieme le diverse realtà della destra estrema. Mettendole a sistema. Sono organizzazioni che – anche quando, come nel caso di Forza Nuova, i militanti «assumono misurati comportamenti di "facciata"» – «continuano a condividere la pratica del razzismo e a coltivare gli ideali del nazifascismo». Insomma: lo stesso imprinting del Fronte Nazionale. I simili si attraggono e viaggiano a braccetto. Anche se agli occhi del mondo esterno sono in competizione. A Verona fu così, e in qualche modo continua a essere così. Forza Nuova, Veneto Fronte Skinheads e Fiamma Tricolore di fatto cammineranno insieme condividendo manifestazioni a sfondo xenofobo e razzista fino almeno al 2010. Ad alcune prese parte anche l'ex sindaco Flavio Tosi, prima di «redimersi» politicamente e prendere le distanze dalle cattive compagnie e dagli impresentabili di un tempo. Già nel 1996 la Digos veronese scriveva: «Il quadro sociopolitico porta alla convinzione che le attività di propaganda di Gioventù Nazionale e VFS potessero far parte di un più ampio disegno criminoso che, con epicentro Verona, si ramificava in varie città del Veneto».

Mi dice ancora Caratossidis: «Verona è sempre stata più sensibile. È così dai tempi di Salò. A Verona – a differenza di Padova – non c'è mai stata una sinistra importante. È da sempre una città molto borghese, molto spostata a destra.

Un po' come Trieste. Se guardo indietro, oggi posso tranquillamente dire che a Verona negli anni Novanta era molto facile fare il fascista. A Padova, invece, io mi prendevo le martellate». Poi arriveranno le manette fatte scattare da Papalia. Che già da anni era nel mirino dell'ultradestra scaligera e padovana. Novembre 1996: in piazza Garibaldi a Padova il blocco nero che fa capo a Caratossidis organizza una manifestazione di protesta contro gli arresti dei militanti del VFS disposti a Verona dalla procura per ipotesi delittuose previste dalla legge Mancino. I muri del centro cittadino si riempiono di scritte spray. «Papalia boia», «Italia agli italiani», «Abroghiamo la legge Mancino», «Legge Mancino vergogna di Stato». All'ostilità storica della destra estrema nei confronti della legge del 1993 che punisce l'incitamento all'odio, la discriminazione e la violenza per motivi razziali, etnici, nazionali e religiosi» si sarebbe poi unita la campagna della Lega salviniana. «Aboliremo la legge Mancino» promette Salvini dal palco di Pontida a settembre 2017. Affondi contro la Mancino arrivano anche da altri esponenti leghisti, in primis il veronese Lorenzo Fontana, ministro per la Famiglia tra il 2018 e il 2019.

Perché tutta questa allergia nei confronti della legge bestia nera dei vecchi e nuovi fascisti dai tempi, appunto, di Freda? A Verona Lega ed estrema destra vanno d'amore e d'accordo da anni: governano insieme, si scambiano favori, è un feeling ininterrotto. La legge Mancino – si capisce – non piace. Né allo stadio né in piazza né a palazzo. E così tutto sembra mantenere le lancette indietro nel tempo. Agli anni della «Mancino vergogna di Stato» e «Papalia boia». «Mi volevano bene», sorride amaro il destinatario degli insulti. Il quale ricorda che in quella manifestazione di solidarietà verso il VFS giravano cartelli di questo tenore: «L'unica soluzione contro l'immigrazione è uccidere», e riecheggiava lo slogan «Italia agli italiani, fuori gli ebrei e gli africani».

La sottocultura del diverso

Saranno stati gli intrecci politici, le vicende di quegli anni di immigrazione e di rabbia e razzismo più o meno dichiarato. Sarà che nello storico del contrasto da parte delle istituzioni ai gruppi neofascisti e neonazisti la vicenda del Fronte Nazionale rappresenta ancora oggi uno degli ultimi casi di intervento decisivo della magistratura con il risultato finale dello scioglimento. Sta di fatto che è soprattutto per il suo impegno sull'estremismo politico e i suoi effetti che Papalia è ricordato. Forse era già tutto scritto nel destino. Di una data e di un viaggio.

Arrivò a Verona da Reggio Calabria, dov'era sostituto procuratore, il 1° agosto 1980. Giusto il tempo di assumere l'incarico e subito il giorno dopo dovette ripartire per il Sud: c'era da organizzare il trasloco della famiglia, la moglie Mara e i figli Andrea e Silvia. Il 2 agosto 1980, dunque. Il giorno della strage neofascista alla stazione di Bologna. «Il treno si fermò prima di Bologna. Poi venimmo a sapere che c'era stato l'attentato.» Nella strage nera, tra le ottantacinque vittime innocenti, c'era anche il ventenne veronese Davide Caprioli. «Allora non c'erano i telefonini. Arrivai a Reggio Calabria soltanto il 3, quando mia moglie già temeva il peggio.»

I bombaroli neri e i loro adepti Papalia li aveva già conosciuti a Reggio Calabria. Uno, in particolare: Franco Freda. «Ero sostituto: anno 1979. Intercetto un avvocato che faceva parte di Avanguardia Nazionale e scopro che era in contatto con la sorella di Freda, allora latitante in Costa Rica. Lo prelevarono e lo portarono in Italia. Si scoprì poi che era fuggito da Catanzaro grazie alla famiglia 'ndranghetista dei De Stefano. Era stato tre mesi a casa di Filippo Barreca e prima di un certo Vernaci, che poi gli fece avere un passaporto falso a proprio nome. Cosa ricordo? Un dettaglio: Freda era vegano. Ad ogni passaggio della latitanza dovevano fargli trovare della verdura.» Gli intrecci tra criminalità organizzata, neofascismo e massoneria. Un pezzo di storia oscura del Paese. Già dai tempi del bandito Giuliano. «Anche lui fu ospite a Verona da un fascista» dice Papalia.

Certi segnali non arrivano per caso: stanno lì a disegnare delle mappe. «Oggi c'è un dato di fatto che mi preoccupa molto. Lo vediamo da anni. A Verona si è creata una situazione, si sono sedimentate certe dinamiche per cui chi fa politica e occupa posizioni di potere e di governo non vuole inimicarsi questo ambiente, questo pezzo di città nero e intollerante. Lo abbiamo visto con Tosi, anche se chi è venuto dopo di lui ha fatto e sta facendo anche peggio. La sottocultura del diverso che deve essere combattuto o comunque ostacolato, l'idea che il meticciato rappresenti un pericolo. Chi governa la città ha il dovere di condannare e prendere le distanze da queste ideologie e da questi messaggi. Se un consigliere comunale fa il saluto romano in aula e nessuno dice niente, il silenzio è persino peggio del gesto in sé, che ovviamente è già una cosa indegna. Se il sindaco non condanna, vuol dire che o quelle sono anche le sue idee, oppure ha paura di perdere consensi. In entrambi i casi è un atteggiamento che, per un sindaco, e dunque un pubblico ufficiale, è poco serio e ancor meno esemplare.»

3

Nella camera di «Codino»

I genitori di Nicola Tommasoli, «Codino», hanno la cultura della delicatezza ed è la cosa più alta e più bella che trasmettono quando parlano del figlio, di chi glielo ha portato via e dell'ambiente dove è maturato il dramma che ha sconvolto le loro vite. Le loro e quella di Alessandro, l'altro figlio, e di Erika, che di Codino era la fidanzata. Luca e Maria tredici anni dopo – nonostante tutto lo strazio vissuto – riescono a trovare parole non banali, svuotate della rabbia. Il tono che usano è fermo, ma libero da ogni condizionamento che si avvicini anche solo lontanamente all'astio. Però, quando si arriva al punto, niente giri di parole. Ti fanno venire i brividi. «La morte di Nicola non è servita a niente. Qui continuiamo a vedere odio, rabbia, cattiveria, pregiudizio, divisione. I giovani, eh, ché sono loro il termometro. A Verona fa figo essere o atteggiarsi a fascisti. C'è questo concetto inquinato di veronesità, è una cosa che si respira nell'aria.»

Nicola Tommasoli muore il 5 maggio 2008 all'ospedale Borgo Trento di Verona. Muore dopo un'operazione chirurgica durata quaranta ore. Quattro giorni prima – è la notte del 1° maggio – Nicola è con due amici in centro, a Porta Leoni. Uno dei varchi dai quali si accedeva alla

Verona romana. Hanno fatto tardi perché il giorno dopo è festa. Né lavoro, né scuola, né università. I suoi assassini lo fermano con il pretesto vile della sigaretta. «Ehi, Codino, dame na sigareta.» Lo chiamano così perché Nicola ha i capelli raccolti in un codino. Nella grammatica dei giovani squadristi veronesi avere il codino vuol dire automaticamente essere «diverso»: quindi un bersaglio. Anche se una parte dell'opinione pubblica e della politica locale cercò di derubricarlo a una tragedia nata per futili motivi. Non una ragazzata, ma quasi.

È l'1,58 e gli assassini, i cinque butèi, dopo diversi giri di birra nei pub camminano stretti nei loro bomber, con i cappellini calcati in testa. In via Cappello, la strada dove sorge il balcone di Giulietta, un luogo visitato ogni anno da tre milioni di turisti, incontrano un ragazzo vestito come un punk. Gli chiedono dei soldi. Lui rifiuta ma sotto minaccia è costretto a staccarsi dai vestiti tutte le spillette che ha addosso e a consegnarle al gruppo. Passa un quarto d'ora. All'angolo con Corticella Leoni, l'incontro con altri tre ragazzi. Uno è Nicola Tommasoli, ventinove anni. La provocazione arriva alle spalle, vigliacca. «Codino, dame na sigareta!» «No.» Parte una raffica di calci e pugni. Nicola resta a terra agonizzante. Entra in coma e morirà quattro giorni dopo. A provocargli l'emorragia cerebrale che si rivelerà fatale è un calcio alla testa. Dei cinque responsabili dell'aggressione, che scappano pensando di averla fatta franca, quattro hanno precedenti legati a episodi di violenza da stadio – ultrà dell'Hellas – e tre sono militanti di estrema destra.

Raffaele Dalle Donne, detto Raffa, diciannove anni, di San Giovanni Lupatoto, studente al liceo classico Maffei, ultrà dell'Hellas già colpito da Daspo (il «divieto di accedere a manifestazioni sportive» emesso dalla questura a seguito di episodi di intolleranza, violenza o razzismo), attivista di Blocco Studentesco (la costola giovanile di CasaPound) e già implicato in un'inchiesta della procura di Verona per una serie di pestaggi avvenuti tra 2006 e 2007 (il reato prefigurato era «associaizone a delinquere con l'aggravante della legge Mancino»). Nicolò Veneri, detto «Tarabuio», diciannove anni, anche lui ultrà daspato e coinvolto nella stessa inchiesta, vicino a Forza Nuova. Lo stesso partito che alle elezioni amministrative del 2007 candidò (per la seconda e ottava circoscrizione) un altro del gruppo, Federico Perini, vent'anni, di Bosco Chiesanuova, anche lui ultrà daspato. Poi ci sono Guglielmo Corsi, diciannove anni, e Andrea Visentini, vent'anni: il primo, metalmeccanico, è anche lui un acceso supporter dell'Hellas, il secondo fa il promotore finanziario. Veneri e Perini scappano a Londra grazie all'aiuto di un militante forzanovista (una fuga durata pochissimo); altri due vengono presi dalla polizia, un altro si costituisce. Quando dopo quasi due giorni sotto i ferri l'attività cerebrale di Nicola cessa, i cinque butèi, il loro profilo, le loro storie, il filo che li unisce, sono già cristallizzati nel fascicolo d'indagine dei magistrati. Perché hanno ucciso Nic?

Riassumere l'omicidio Tommasoli non è solo un esercizio che aiuta a capire fin dove si può spingere un determinato tipo di devianza giovanile. È una cartina di tornasole che racconta il degrado ideologico di uno strato della città. Bisogna andare a riprendere le parole di Guido Papalia, per andare dentro le pieghe della storia. Contestualizzano quel pestaggio brutale in un clima di violenza diffusa in quegli anni. Spiegano bene perché, se è vero che può apparire fuorviante e non corretto parlare di omicidio «politico», la violenza e questa particolare forma di razzismo che ha fatto da mantice alla furia selvaggia dei butèi è certamente legata anche a una sottocultura alimentata e diffusa a piene mani dalla destra neofascista. Papalia parla di una «forma di neorazzismo che ha come obiettivo il "diverso" individuato per come si veste, l'accento o le opinioni espresse, che viene provocato e aggredito. Non c'è un'organizzazione con programmi o strutture per fare prima proselitismo e poi una violenza mirata, ma tutto nasce volta per volta, soprattutto nel fine settimana, e sempre nel centro storico. Perché il centro storico è il simbolo dell'identità che va tutelato da contaminazioni, per un desiderio di violenza che si alimenta con l'avversione per il "diverso".»

Il «diverso», ricordate Ludwig? La diversità, come l'odio, è a intensità variabile. Ci sono diversi e diversi. Dice ancora Papalia: «Questa violenza è molto grave sul piano sociale, ma è molto difficile da reprimere con interventi penali, a meno che non giunga a conseguenze tragiche come con Nicola Tommasoli. Questo omicidio è stata un'aggressione razzista in senso lato. Ma la matrice di queste violenze è nazifascista. Come dimostrano i simboli, gli appunti, i volantini, le frasi tipo "Rosso di sera sprangarli si spera" o i molteplici "Boia chi molla" trovati nel corso delle perquisizioni».

Odio e schei

La camera di Nicola Tommasoli è rimasta identica a com'era il pomeriggio del 30 aprile 2008. È l'ultima in fondo al corridoio a destra, qui, nella villetta di famiglia a Negrar. Sì, lo stesso comune dove vive Wolfgang Abel. Una sinistra casualità. Dall'abitazione dei Tommasoli alla casa dell'ex Ludwig ci sono quattro chilometri. Vittime e carnefici nelle carambole impazzite della Verona di sangue. Ci penso mentre con papà Luca e mamma Maria mi affaccio nella stanza di Nicola. Letto, scrivania, scaffale. Le cose di Nicola, le sue passioni divoranti ereditate dal padre. I motori su tutto. Sulla scrivania c'è il modello del prototipo dell'auto da corsa che ha presentato con la tesi di laurea in Disegno industriale allo IUAV di Venezia. Su una mensola, alternate a una collezione di boccali di birra, una teoria di modellini di automobili. Appeso alla parete il ritratto stilizzato che gli fece un amico pittore e che diventò poi l'immagine di Nicola dopo la notte maledetta. «Oggi Nicola avrebbe guardato le prove del GP con me» dice con tutta la dolcezza del mondo suo padre. A fianco della camera di Nicola c'è quella di suo fratello Alessandro. Anche lui è un appassionato di motori, di mestiere trasforma i van Volkswagen in camper.

Luca e Maria aprono una bottiglia di prosecco. Hanno una sensibilità speciale, genuina, profonda. Le persone con le quali in questi anni hanno parlato di Nicola in profondità non sono molte. Qualcuna, anche nelle istituzioni, ha fatto loro intuire che non aveva una gran voglia di ascoltarli. Ci arriviamo tra poco. Prima cerchiamo di capire come e perché si è formata e continua a non diradarsi questa nube tossica e «neorazzista» della violenza e dello spregio verso il «diverso», per usare la definizione di Papalia. «Credo che alla base ci sia una mancanza di cultura» dice Luca. «La sopravvalutazione di valori venali, delle cose materiali, l'apparire, il vestirsi. Sono caratteristiche che hanno sempre permeato questa città. In un contesto come questo certe idee attecchiscono più facilmente. La subcultura dell'apparire, del materialismo ostentato. Insomma: il culto degli schei. In Veneto, e a Verona in particolare, è venuta fuori nel dopoguerra, con la rinascita. E si è accompagnata all'altro pezzo: l'integralismo oscurantista e reazionario. Denaro e visione quasi medievale dei valori, messi insieme, hanno formato il terreno per la semina dei professionisti dell'odio e dell'intolleranza.»

Il padre di Nicola dice che «i giovani sono le spugne. Mutuano tutto. I modelli che vedono in giro e che gli vengono trasmessi diventano la loro cifra». Viste anche le storie di tre dei cinque colpevoli dell'omicidio di Nicola, chiedo a Luca come vede – da fuori, da padre della vittima di quella barbarie – il laboratorio della fascisteria veronese. «Non so se c'è una regia vera e propria. Di sicuro ci sono degli ispiratori, dei cattivi maestri e certamente dei politici che si sono sempre tenuti buoni questi ambienti. Ma ormai è diventato proprio un fatto di costume. Questa identità mostrata, esibita, questo estremismo nei modi e nelle parole. A Verona va di moda dirsi fascisti. Molti lo sono davvero. C'è una solida tradizione di famiglie, molto benestanti e molto in vista della città che erano e sono fasciste e non lo hanno mai nascosto, anzi. Oggi sono più sfacciate.»

Maria siede al tavolone in sala. Nicola ogni tanto ci si metteva a disegnare. «Se guardo la situazione di oggi penso che, purtroppo, l'omicidio di nostro figlio non è servito a niente. Dopo tredici anni la cosa che ci ha consumato più di tutte è stata la protervia con cui i colpevoli e i loro avvocati hanno tentato di prolungare i processi. E ci sono riusciti.» La vicenda processuale dell'omicidio Tommasoli è durata dodici anni. Fino al 2020. Nove procedimenti. Sentenze, condanne, assoluzioni, nuove condanne. Dodici anni sono un tempo biblico per un massacro i cui contorni e le cui responsabilità si erano da subito delineate in modo nitido. La farraginosità e le lungaggini della macchina giudiziaria, certo. Anche quando ci sono due genitori disperati che attendono giustizia. Che cosa resta? «Tante volte mi sono chiesta: ma avranno capito che cosa hanno fatto, questi cinque ragazzi poi diventati uomini? Lo spero, anche se non ne sono sicura.»

Lo strappo

In Corticella Leoni a Verona c'è una targa sul muro. Recita: «Qui il 1° maggio 2008 è stato strappato alla sua giovane vita Nicola Tommasoli. Il suo ricordo sia per tutti un richiamo ai valori di rispetto della vita umana, di tolleranza e convivenza civile il cui smarrimento fu causa della sua scomparsa». Ogni anno il 1° maggio compaiono dei fiori e qualche biglietto dedicato a lui. Chi gli era vicino invita i veronesi a passare da Porta Leoni. Anche solo per ricordarlo, per dedicargli un pensiero.

La morte di Tommasoli, nel 2008, scosse le coscienze ben oltre i confini della città. Ma quando venti giorni dopo quella notte di violenza cieca l'AMIA (l'azienda di servizio raccolta rifiuti del Comune) rimosse dal luogo dell'omicidio il tappeto di fiori, biglietti, messaggi, piccoli oggetti che erano stati deposti da amici, conoscenti, studenti, semplici cittadini, protestarono in pochi. «Dobbiamo fare pulizia» dissero i vertici dell'azienda municipalizzata.

Ancora la mamma di Nicola: «Saremmo ipocriti se non lo dicessimo: dell'ondata di solidarietà che ci fu all'epoca, è rimasto poco e niente. Tante promesse, per carità. Ma, appunto, promesse. Se dovessimo fare un conto delle persone che ci dissero "faremo", "organizzeremo", "ci rivedremo presto", "non vi lasceremo soli", andrebbe via un intero bloc-notes. Mai più visti né sentiti». I coniugi Tommasoli non hanno mai ricevuto alcun indennizzo. In dodici anni, mi raccontano, hanno speso «più di 200.000 euro di avvocati» per essere parte lesa nel processo. Fanno tenerezza quando si aiutano a vicenda a ricordare chi dei cinque del branco si è fatto vivo e per cosa. Dice Luca: «Perini, per un periodo, ci mandò 150 euro al mese. Dalle Donne, che tramite avvocato ci scrisse una lettera di pentimento, manda ogni mese 250 euro, credo sia un quinto dello stipendio». Per inciso: di Dalle Donne, l'ex studente del liceo Maffei, famiglia benestante veronese, si raccontò che, quando la sua scuola organizzò una visita al campo di concentramento di Auschwitz, rifiutò di partecipare per protesta. Nel 2016, quando la Cassazione confermò la sua condanna, chiese di andare in carcere per scontare il prima possibile la sua pena e chiudere il conto con la giustizia. Ha iniziato la detenzione l'11 febbraio 2019, ci resterà per quattro anni. Su cinque, solo due sono ancora in carcere: gli altri sono liberi.

«I periti nominati da alcuni dei difensori sostennero la tesi dell'aneurisma...» ricorda la mamma di Nicola. Il solo pensiero fa accapponare la pelle dalla rabbia, visto per di più che gli arrestati confessarono. «Nessuno di loro ci ha mai chiesto di incontrarli, nemmeno tramite i genitori o gli avvocati. Se anche un giorno ce lo chiedessero direi di no.» Nelle aule dei tribunali dove hanno avuto luogo le udienze dei nove processi, Luca e Maria dicono di non aver mai voluto guardare negli occhi i cinque responsabili della morte di loro figlio (sono stati condannati per omicidio preterintenzionale e concorso in omicidio preterintenzionale; anche chi non lo picchiò: un principio di diritto che ha fatto giurisprudenza e che afferma il contributo all'omicidio anche da parte di chi materialmente non lo esegue). «Ma non abbiamo mai parlato male di loro, sarebbe stato e sarebbe solo uno sfogo fine a sé stesso.» La dignità, la misura. La sensibilità di genitori che non giudicano perché a giudicare ci hanno già pensato i tribunali. La sensibilità che non tutti hanno avuto quando la storia drammatica di Nicola è diventata un libro fotografico per ricordarlo e poi una borsa di studio che viene assegnata ogni anno.

«Uno dei ricordi meno felici è stato quando siamo andati in comune dal sindaco Federico Sboarina per portargli il libro» raccontano i Tommasoli. «Era aprile 2018, il decennale della morte di Nicola. Sembrava quasi infastidito dal doverci ascoltare. Fu un incontro molto breve.» Per onorare la memoria di Nic a Verona fu organizzato un ciclo di incontri contro la violenza. Uno degli appuntamenti centrali fu lo spettacolo teatrale *Uno strappo* di Ture Magro, una pièce da brividi reperibile in rete e che ancora oggi aiuta a fare memoria di un massacro che per Verona ha rappresentato uno spartiacque.

La logica perversa del rifiuto del diverso. Il controllo e la ripulitura neorazzista del centro storico. L'idea che si possa morire per caso una sera di primavera solo perché sei vestito in un modo che non va bene. Una sigaretta rifiutata diventa il pretesto vuoto per un'azione studiata in nome di un'ossessione identitaria e territoriale che dalla violenza evocata sfocia in violenza esercitata. È questa la dolorosa lezione dell'omicidio Tommasoli. Una lezione che – un quarto di secolo dopo le vicende di Ludwig – fa tornare a galla quell'impasto di odio, squadrismo, disagio che a Verona è cresciuto dentro un incubatore che anche le ultime amministrazioni, con il loro messaggio, non hanno contribuito a disattivare. Il sottopancia dello slogan «Ripulire Verona e restituirla ai veronesi», che dalla prima giunta Tosi a quella dell'attuale sindaco Sboarina è stato un perno della politica della destra scaligera, questo prevede: una visione di società «suprematista», dove i veronesi e l'immagine della città non possono e non devono essere sporcati dai non graditi. Zingari, prostitute, senzatetto, ubriachi molesti, accattoni, gay, lesbiche, transessuali. Il contrasto all'immigrazione irregolare e le politiche penalizzanti per quella regolare sono la cornice dentro la quale si è mosso il potere politico veronese negli ultimi vent'anni. È lo stesso flusso in cui si è incanalata la propaganda dell'estrema destra neofascista e addirittura neonazista dei butèi. Da qui la constatazione amara dei Tommasoli: «La morte di nostro figlio non è servita a niente».

«E allora Ramelli?»

Le Torricelle, «toresele» in dialetto veronese, sono le colline che chiudono a nord Verona. È uno dei punti più affascinanti e suggestivi della città. Silenzio, natura, curve a perdifiato. Salendo i tornanti sui muri, anche qui croci celtiche, la scala simbolo dell'Hellas, HH, che sta per *Heil Hitler* ma anche per *Heil Hellas*. Qui abita una delle persone che in questi anni sono state più vicine alla famiglia Tommasoli: Chiara Stella, insegnante in pensione, da sempre impegnata nella difesa dei diritti civili. Lei ricorda bene l'incontro con Sboarina, nel 2018. «Ero coi genitori di Nicola. Saliamo in comune. Il sindaco ci riceve in una saletta. Gli dico: "Sindaco, mi sembra importante che la città non perda memoria di questo omicidio. Per questo le abbiamo portato il libro che ricorda Tommasoli". Lui mi guarda in faccia e mi dice: "Vuole che parliamo di Sergio Ramelli?". Una risposta a dir poco fuori luogo. Ecco, delle due l'una: o non hai capito niente della vicenda Tommasoli, oppure non riesci proprio a trattenere il tuo orientamento, nemmeno di fronte alla morte di un ragazzo e al dolore dei genitori. Nicola era estraneo alla politica. Chissà, forse Sboarina non lo sapeva. Ad ogni modo: quando siamo usciti da palazzo Barbieri mi è rimasta addosso la sensazione che questo sindaco non potrà mai fare memoria di Nicola.»

Quarant'anni di insegnamento nelle scuole elementari. Due figli. Marito avvocato. Stella, sull'onda dell'omicidio Tommasoli, ha fondato l'associazione Madri insieme per una Verona civile, che poi ha passato il testimone alla Rete insegnanti scuola e territorio, educare insieme. Proprio per la situazione particolare e l'immagine che la città spesso veicola di sé, Stella è convinta che a Verona il lavoro da fare sia prima di tutto questo: «Lasciare tracce di civiltà. C'è anche un'altra Verona che sa alzare la testa, che sa rispondere a queste situazioni di sottocultura di massa». La chiama così, sottocultura di massa. «I Tommasoli hanno capito che sotto, nel fondo della vicenda del loro figlio, c'è un problema culturale enorme. C'è una logica della sopraffazione che va estirpata lasciando aperte delle porte per dare risposte civili.

Il problema di questa deriva è che si riproduce continuamente perché queste sono terre che hanno un'idea del cristianesimo sbagliata. C'è una doppia morale: ti giri dall'altra parte per conservare il tuo status quo. Non ti sporchi le mani. Fai finta di non vedere che nel senso comune c'è un'impostazione che prevede che l'altro sia qualcuno che ci invade. Questa chiusura identitaria porta solo danni a Verona. La città manca di una visione che la porti fuori dall'idea della città-fortezza. È proprio in questo spazio vuoto» spiega Stella «che si infilano i gruppi dell'estrema destra e i loro padrini. Sanno su cosa puntare, quali sono i tasti da toccare per far breccia tra i giovani. Ci sono una serie di icone fasciste che a Verona sembrano intramontabili: l'ambiente stadio, un certo tipo di abbigliamento, la simbologia. La sindrome della chiusura e della protezione del territorio porta questi gruppi a isolare il "diverso", a essere infastiditi da tutto ciò che esula da queste icone fasciste. Poi, a peggiorare il quadro, c'è un fenomeno per me gravissimo: la dispersione scolastica. Verona è una delle province che ha la più alta percentuale di abbandono scolastico. In molti casi sono retaggi familiari. Ci sono famiglie di industrialotti che non si sono mai poste il problema di far studiare figli e nipoti per dare loro un futuro che non sia legato solo ai soldi. Questi ragazzi sono figli di un benessere tarocco, perché non poggia su una base di conoscenza, di istruzione, di cultura.»

Il risultato, per Chiara Stella, è che «il primo nemico con cui faranno i conti questi giovani è la noia. Per noia lanciavano i sassi dai cavalcavia, ricordo che i primi casi italiani sono stati qui. Per noia diventano teppisti allo stadio. Per noia sono razzisti, violenti. Il caso Tommasoli è un esempio di violenza per noia. Pura sopraffazione, per passare il tempo e dare un senso alla giornata o alla serata.» Fino alla prossima notte da spostare più in là, nel buio dove tutto si confonde. Sperando che un «codino» di turno non cada nella rete infame dei massacratori, i fascisti travestiti da guardiani delle mura di Shakespeare.

4

L’«uomo bianco». Dal fronte veneto all’Europa

Nel Nordest delle partite Iva e degli schei, trincerato in una specie di ridotto lungo la Pedemontana veneta dei tempi infiniti e che rischia di costare il triplo del ponte sullo Stretto, da trentacinque anni è attivo il più longevo gruppo di ispirazione e matrice neonazista del nostro Paese. Il Veneto Fronte Skinheads. Il simbolo è composto da mezza croce celtica e da metà testa di leone. La sede è a Lonigo, in provincia di Vicenza. Ma da quando è nato – nel 1986 – il vero centro nevralgico del VFS è Verona. Perché il gruppo storico è veronese. Perché Verona ha sempre garantito una base di almeno un centinaio di iscritti. Perché la curva dell’Hellas è da sempre una succursale esterna del Fronte, un suo terreno di semina e di raccolta. E perché le inchieste giudiziarie che hanno colpito questo sodalizio di naziskin, senza mai riuscire a smantellarlo, sono partite da Verona.

Da anni i confini veneti sono stati oltrepassati. Oggi l’Associazione culturale VFS ha filiali anche in altre città d’Italia: soprattutto al Nord. Rappresenta, di fatto, la più nutrita e strutturata organizzazione di teste rasate italiane. Un esempio di ortodossia nazifascista. Sia per i contenuti sia per l’organizzazione militare, nonché per la simbologia utilizzata e l'estetica dei militanti. Ma il VFS è anche un ponte tra Italia ed Europa: una delle più importanti cerniere di collegamento che uniscono gli ambienti più estremisti della galassia nera militante nostrana con le realtà di altri Paesi: Polonia, Ungheria, Croazia, Serbia, Russia e – tornando indietro verso il cuore del vecchio continente – Germania, Austria, Svizzera, Francia e Regno Unito. Paese, quest'ultimo, da cui i «venetisti» hanno importato il modello del violento circuito internazionale razzista e antisemita Blood & Honour. Cioè *Blut und Ehre* (sangue e onore) il motto della Hitlerjugend. Correva l'anno 1986.

Il fratello d'Italia (ripulito)

Fondatore e leader storico del VFS è Piero Puschiavo, cinquantasei anni, da Sorio di Gambellara, in provincia di Vicenza. Un passato burrascoso costellato di inciampi giudiziari. Inquisito per riorganizzazione del disciolto Partito fascista e condannato in primo grado a due anni per istigazione all'odio razziale, nel 2005 è stato prosciolto dalla Corte d'Appello perché i reati erano andati prescritti.

Dal 2019 Puschiavo è in Fratelli d'Italia, lo stesso partito a cui a giugno 2021 si iscrive anche Federico Sboarina. Attualmente è responsabile regionale veneto del dipartimento Tutela dei minori e portavoce del circolo territoriale di Lonigo. Alla conferenza stampa di presentazione del circolo, il 7 gennaio 2020, accanto a lui siedono l'europarlamentare meloniano Sergio Berlato e Vincenzo Forte, membro dell'Assemblea nazionale di FDI. Del look da naziskin tutto bomber di un tempo sono rimaste solo le basette curate e ostentate. Oggi Puschiavo è un imprenditore e politico in giacca e cravatta: tesse alleanze sul territorio, organizza convegni, consulta sondaggi, tiene rapporti con la stampa (quegli stessi giornalisti che il VFS ha sempre considerato e ancora oggi ritiene siano tra i suoi primi «nemici»). La ripulitura di un ex impresentabile? Sembrerebbe. Grazie a qualche ritocco.

Se si scorre la biografia pubblicata sul sito di Puschiavo non si riesce ad avere contezza della prima parte della sua carriera politica; cosa che invece si può apprezzare dai fascicoli giudiziari e dagli archivi delle cronache. Non si riesce perché i quasi vent'anni nel Veneto Fronte Skinheads – il cui nome ovviamente nella bio non compare – sono riassunti con questa formula. Tra l'omissivo e l'edulcorato. «La sua attività politica comincia nella metà degli anni Ottanta, benché in forma extraparlamentare ma vicina all'allora Movimento Sociale Italiano, con una forte campagna di sensibilizzazione del problema immigrazione.»

Qualcosa di più di uno sbianchettamento. Perché tutto era, il VFS, tranne che vicino al MSI (i cui deputati sedevano in parlamento). Non all'inizio, almeno. Era molto più a destra, e soprattutto operava sulla strada. Con metodi squadristi. Converrà dunque soffermarsi sulla «campagna di sensibilizzazione del problema immigrazione» . Ma partiamo dall'idea. L'obiettivo di Puschiavo e camerati era dare vita anche sulla scena italiana al movimento oltranzista skinhead targato Blood & Honour. Per anni il capo delle teste rasate ha lavorato per questo. Poi – dopo lunghe manovre di avvicinamento e un progressivo sdoganamento della sua creatura ultraradicale – ha iniziato a coltivare rapporti altolocati con la politica di palazzo. Un rapporto di lunga data con l'ex sindaco di Verona Flavio Tosi, che l'allora «frontista» vicentino ha sempre appoggiato fino al dicembre 2017, quando Tosi fonda il movimento centrista e postdemocristiano Noi con l'Italia. Le manifestazioni insieme alla Lega, camicie nere e camicie verdi a braccetto nel segno della tolleranza zero con l'immigrazione. L'asse del VFS che da Vicenza si sposta dunque su Verona. L'azione della magistratura che quell'asse veneto fascioleghista contribuì, tra fine anni Novanta e inizio dei Duemila, a smontare. Ma poi l'asse è rinato, con nuovi protagonisti.

L'attuale imbarazzo del fratello d'Italia Puschiavo è comprensibile, come pure la conseguente acrobazia linguistica con cui «traduce» – sempre nella biografia di presentazione – la propaganda violenta e le gesta criminali di molti appartenenti al VFS a cavallo tra anni Ottanta e Novanta, quando della formazione razzista e antisemita era il leader. Poi aderirà al Movimento Sociale Fiamma Nazionale, a La Destra di Storace per poi fondare, nel 2010, Progetto Nazionale Fiamma Futura. Eccola, la traduzione: «Diversi gli articoli che lo interessano anche sulla cronaca locale e nazionale, in virtù di una forte e incessante campagna non solo contro l'immigrazione ma contro la droga con le sue deviazioni derivanti e soprattutto contro il sistema bancario».

Tra poco la ripassiamo la «cronaca locale e nazionale» a cui accenna Puschiavo nella biografia. E vediamo come da Verona e Vicenza i fili dei neonazisti veneti si siano allungati fino al cuore dell'Europa, e nell'Europa dell'Est: in quegli Stati dove da anni anche Forza Nuova e CasaPound cuciono rapporti, partecipano a raduni, convegni, manifestazioni, concerti, assemblee programmatiche. Ricambiando l'ospitalità dei camerati e trovando una propria collocazione all'interno di quell'Internazionale Nera che, nell'era del sovranismo europeo, ha trovato nuova linfa vitale, sponde, appoggi, coperture e legittimazione. In Italia grazie soprattutto alla Lega di Matteo Salvini e a Fratelli d'Italia di Giorgia Meloni, entrambi benedetti dal «signore nero» Steve Bannon che sulla tela dell'ultradestra mondiale è all'opera, pancia a terra, da tempo.

Ma prima posiamo la lente sulle ultime tracce lasciate dal VFS in giro per l'Italia. Aiutano a capire alcune cose che sono al centro di questo racconto. A partire dal ruolo sotterraneo, carsico – se si può usare questo termine – delle vecchie e nuove organizzazioni di estrema destra nel nostro Paese. Formazioni a cui l'opinione pubblica e le istituzioni continuano a non dare peso, minimizzando, considerandole laterali e ininfluenti nel processo di un graduale ritorno nel pensiero comune di parole d'ordine, idee, simboli, discorsi d'odio e di divisione che affondano le loro radici nella tradizione fascista e nazista. E che rischiano di far tornare la storia ai suoi periodi più cupi. Ma il pericolo rappresentato da questi movimenti non sta (tanto) nel loro peso specifico, nei numeri, nella rappresentanza talvolta intermittente, ma nel fatto che sono lo strumento di cui si servono sul territorio partiti a largo consenso, a vocazione maggioritaria e con aspirazioni di governo. Se ne servono perché sono una leva utilissima per quella retorica della paura che è sempre stata alla base della propaganda neonazifascista. Anche del VFS. E quando utilizzi qualcosa o qualcuno, in politica, c'è sempre un prezzo da pagare.

Una tranquilla domenica sul lago

Il 2 maggio 2021 sul lago di Como è una giornata di sole. È una domenica. Il graduale alleggerimento delle misure anti-Covid ha fatto tornare i primi turisti e sulle strade che costeggiano lo specchio d'acqua gruppi di ciclisti e motociclisti tirano fino all'ora di pranzo e poi si fermano per una sosta ai tavolini all'aperto: gli unici consentiti in quei giorni. Dongo, 3200 anime sulla foce del torrente Albano. È il paese dove il 27 aprile 1945 i partigiani catturarono Benito Mussolini mentre cercava di fuggire vestito da soldato tedesco. Con lui un gruppo di gerarchi fascisti e l'amante Claretta Petacci. Furono fucilati il giorno dopo: i gerarchi a Dongo, Mussolini e Petacci a Giulino di Mezzegra, oggi frazione del comune di Tremezzina. L'esecuzione avvenne in via XXIV Maggio davanti a villa Belmonte.

Nella domenica assolata i camerati del VFS prima si inquadrano sul lungolago di Dongo: qui, disposti per file orizzontali, eseguono il primo «presente». La zona è presidiata da polizia e carabinieri perché c'è tensione: gli antifascisti, ANPI, sinistra, sindacati, hanno organizzato un contropresidio: come ogni anno avevano chiesto al prefetto di Como di vietare la parata nostalgica dei camerati. Ma tant'è. Nessuno stop. Dopo la parata a Dongo, i militanti neofascisti si trasferiscono a Giulino di Mezzegra. Parcheggiano le auto in paese e poi salgono a piedi dalla strada stretta e lunga che porta alla chiesa dedicata a Sant'Abbondio. Duecento metri dopo il luogo dell'uccisione di Mussolini e Petacci decisa dai partigiani del Comitato di liberazione nazionale. Il look e la divisa dei «frontisti» sono gli stessi da trentacinque anni: jeans aderenti, anfibi neri o bordeaux, bomber neri con lo stemma del gruppo, capelli rasati a zero. Salgono in silenzio, le facce tirate. L'aria di chi sta per assolvere a qualcosa di solenne. Oltrepassano il cancellone verde di villa Belmonte che per l'occasione, come ogni anno, è tappezzato di tutto punto: manifesti, paramenti, scritte, foto del duce, gonfaloni, bandiere tricolori. Ecco le scritte appese all'ingresso. «Solo Dio può piegare la volontà fascista. Gli uomini e le cose mai. Viva l'Italia nostra.» «In questa Italia triste e penosa un raggio di sole pensando al nostro duce.» Ci sono una croce di legno e una teca con all'interno le foto di Mussolini e della sua amante. Gli anziani reduci delle associazioni repubblichine comasche si mischiano ai fedeli che escono da messa; i naziskin ridiscendono a righe sciolte verso villa Belmonte. Passano dieci minuti: adesso sono tutti inquadrati. Sull'attenti. A guidare la manifestazione è l'ex coordinatore lombardo di Forza Nuova Salvatore Ferrara. Ma la manovalanza sono loro, le teste rasate del VFS. Va in scena lo stesso lugubre rito del «presente» che hanno fatto poco prima a Dongo: «Camerata Benito Mussolini... presente!».

Uno striscione nero con la scritta «presente» è appeso alla ringhiera del giardino di villa Belmonte. Loro, i soldati-politici, sono disposti per file orizzontali. Tra i militanti del VFS riconosco le facce dell'irruzione squadrista del 2017 a Como nella sede dell'associazione pro-migranti Como Senza Frontiere. Tredici naziskin piombarono all'interno del chiostrino di Sant'Eufemia: in piedi, gambe aperte e mani dietro la schiena. La stessa postura che tengono adesso a Giulino di Mezzegra. Circondarono i volontari di CSF. Stavano facendo una riunione. I frontisti li obbligarono ad ascoltare la lettura di un messaggio contro l'«immigrazionismo». Un'azione «intimidatoria» – come l'ha definita la procura di Como, che ha rinviato a giudizio i tredici militanti per violenza privata aggravata. Il più vecchio ha cinquantun anni, il più giovane venticinque. Vengono dalle province di Como, Brescia, Genova, Piacenza, Varese, Milano, Mantova. Succursali della base veneta di Lonigo. Il processo a carico del gruppo è nato male: doveva iniziare il 4 dicembre 2020 ma per vizi di forma ed errori procedurali è slittato a ottobre 2021. Un'udienza era prevista il 7 maggio 2021. Cinque giorni dopo la parata delle camicie nere a Dongo e a Giulino. In sostanza: le teste rasate del VFS – nonostante siano alla sbarra – scorrazzano liberamente tra Veneto, Lombardia ed Emilia-Romagna portando in giro la loro propaganda, i saluti romani e il «presente!». Fregandosene delle leggi, dei magistrati, delle forze dell'ordine. Fanno così dal 1986. Più o meno indisturbati, perché le operazioni delle forze dell'ordine e le inchieste giudiziarie nei loro confronti non hanno portato a risultati concreti. I fatti di Como, la parata di Dongo e altri che vedremo ne sono la triste prova.

Banda Camelot

La scintilla porta la data del 1986. Piero Puschiavo rientra a Vicenza da un soggiorno in Inghilterra: con altri camerati veneti ha partecipato al festival di Suffolk di Rock Against Communism. È una kermesse musicale e militante che riunisce l'ultradestra skinhead del Regno Unito. A Sorio di Gambellara il VFS muove i primi passi, fino alla costituzione con regolare statuto notarile del 1990. «Organizzazione senza fini di lucro, dedita alla promozione di iniziative culturali, musicali e sportive.» La prima sede sociale è la casa di Puschiavo. Ma ancor prima del suo battesimo statutario, i naziskin veneti sono già una realtà che ha rapporti transnazionali. Fanno parte del coordinamento europeo White Noise e collaborano con il Front National di Le Pen.

I collegamenti sono, in particolare, con gli omologhi inglesi, tedeschi, belgi, austriaci. Sulle fanzine «Blitz Krieg», «Risveglio Europeo» e «Azione Patavium» trova posto la narrazione delle prime iniziative ufficiali delle teste rasate. Fanno proseliti soprattutto tra le province di Treviso, Vicenza e Verona. A Bassano del Grappa – dove il gruppo si ritrova presso il circolo Evola – va in scena il primo raduno internazionale. È l'antipasto di quella che diventerà – codificata – «Ritorno a Camelot»: la kermesse ufficiale del VFS. Un festival che si svolge ogni cinque anni dal 1991. Il programma prevede musica nazirock, vita comunitaria, prove militaresche, fiumi di alcol, incontri revisionisti e apologetici del fascismo e del nazionalsocialismo. Tende e campeggio comunitario. Ospiti, band e pubblico provengono da tutta Europa. Tra i primi gruppi musicali che suonano sul palco di Camelot ci sono i francesi Brutal Combat e gli inglesi No Remorse. E poi gli italiani Nomina Dresda, Hope&Glory, Plastic Surgery.

Come funziona Camelot? La mitologia e la retorica del regno di re Artù da restaurare nel nostro tempo sono solo un pretesto per inneggiare alla razza bianca. Perché quello del VFS è puro suprematismo. Lo stesso dei Proud Boys americani. Lo è dall'inizio della sua storia. In linea coi folli dettami del circuito Blood & Honour e degli Hammerskin, due poli convergenti del movimento mondiale naziskin. Prendiamo, per esempio, l'edizione 2016 di Camelot, analizzata anche da Marinella Mandelli e Saverio Ferrari per «il manifesto». Siamo a Revine, nel Trevigiano. Il titolo è: «Noi siamo Europa». Sottotitolo: «Un'origine e un destino sotto attacco». Così parla il manifesto dell'evento: «Decenni di politiche di annientamento identitario, di false integrazioni, hanno portato l'intera Europa sull'orlo di una guerra civile endemica e senza quartiere a causa di scellerate politiche immigratorie e sociali». La cornice la tratteggiano i versi dei Peggior amico, storica band nazirock nata dagli ultrà dell'Hellas Verona e dalle teste rasate vicentine. Sono firmati da loro brani come *Colpevole di essere bianco* e *Non staremo a guardare*: «Voi figli di una terra che non amate più / sull'orlo della fossa seduti a guardare giù / con la vostra umanità, con la vostra carità / sputerete insieme agli altri / sulla nostra civiltà». La civiltà europea in pericolo. La minaccia terzomondiale. I piani della finanza che controlla e specula sulle nostre vite. Sono, per semplificare, le coordinate del farneticante piano Kalergi. L'immigrato invasore; la razza bianca a rischio estinzione perché è in atto un progetto mondialista per sostituirla.

E poi l'ossessione omofoba del gender e, dunque, la difesa della famiglia tradizionale. Tema che a Verona è portato avanti a gran voce da almeno una trentina d'anni grazie alle iniziative a tappeto del fronte identitario composto da integralisti, leghisti e neofascisti. Un modello di società basato sul patriottismo locale e sulla separazione: «Noi» di qua. «Loro» di là. «Loro» sono i nemici da combattere, perché lo Stato sovrano va protetto dall'immigrazionismo e dalle politiche della comunità LGBT+. Roba che ritroviamo da anni nella propaganda sovranista italiana ed europea. A queste latitudini – tra Verona, Vicenza e Treviso – il VFS eleva tutto alla massima potenza. Le frasi mantra sono «sangue e onore», «difesa dell'Europa bianca unica nazione», lotta al «predominio nero» e alla globalizzazione.

All'inizio del 2017 il VFS ha festeggiato i trent'anni di attività, celebrandoli con il libro *Sulla strada dell'onore*: fotografie e racconti di capi e gregari del movimento. Ma il testo non basta. L'aggregazione è territorio, sudore, grida, alcol, le braccia che si stringono nel saluto gladiatorio mutuato dagli skinhead: stringersi reciprocamente l'avambraccio all'altezza del polso. E dunque il 23 dicembre in un locale della zona industriale di Verona i naziskin del Fronte organizzano un raduno intitolato «White X-Mas Party». Il rimando è lapalissiano: il gioco di parole è col «bianco Natale». Notare: sono passati pochi giorni dall'irruzione squadrista a Como. Preoccupati per le indagini della Digos e della procura? Neanche un po'. Le teste rasate festeggiano l'antivigilia di Natale celebrando la Decima Mas. Ovvero il corpo militare che dopo l'8 settembre, sotto il comando di Junio Valerio Borghese, decise di continuare la guerra con la Repubblica sociale italiana e di rinforzare l'alleanza con l'esercito nazista. Sul palco del locale The Firm Club si esibiscono i Sumbu Brothers, i 1903, i Nativi e Acciaio Vincente. Sono gruppi musicali molto conosciuti nel circuito del rock identitario dell'estrema destra. Sumbu Brothers e 1903 sono legati agli ultrà dell'Hellas Verona. Basta scorrere le pagine Facebook delle due band per capire da chi è composto il loro pubblico. Braccia tese nei saluti fascisti, nostalgici, sostenitori della razza bianca. A tracciare la linea del concerto natalizio è uno dei brani più celebri dei milanesi Nativi. Cantano roba così: «Forte come il tuono questo nostro rumore / Nasce con il motto: "Sangue e onore!" / Skinhead rock and roll fatto per l'azione / per l'Europa bianca unica nazione!».

I guerrieri del Nordest

La difesa dell'«uomo bianco» per il VFS è un'ossessione. Inneggiare ai bianchi e alla pura razza Piave è un classico. Succede anche il 20 aprile 2019. Per festeggiare il genetliaco di Adolf Hitler il VFS fa le cose in grande: chiama a raccolta aderenti, simpatizzanti e ultrà a Cerea, 16.000 abitanti, in provincia di Verona. Il luogo del raduno musicale e militante Defend Europe è l'Area Exp, che con i suoi 36.000 metri quadri di superficie è il maggiore polo fieristico del Basso Veronese e dell'Alto Polesine. Uno spazio spettacolare, nato sull'impianto di una vecchia fabbrica di concimi chimici. Dal 1995 è di proprietà dell'amministrazione comunale di Cerea. Senza nessun imbarazzo il Comune guidato dal sindaco leghista Marco Franzoni concede l'area ai naziskin. Gli abitanti, ovviamente, non ne sanno niente: scopriranno tutto solo il giorno dopo. Ma quando va in scena Defend Europe? Il giorno e la notte che precedono Pasqua. A cinque giorni dal 25 aprile, festa della Liberazione dell'Italia dal nazifascismo. Nel giorno in cui, nel 1889, a Braunau am Inn in Austria nasce Adolf Hitler. Bingo.

Nel loro personalissimo raccoglimento le teste rasate

nordestine celebrano il loro delirio nostalgico sulle note di band e cantanti europei: tra gli altri, i tedeschi Scott & Steve (tra i brani più celebri *White Pride*, *Odin with Us*, *Victory or Valhalla* e *Phoenix Rising*, quest'ultima scritta con il musicista e cantante inglese Ian Stuart Donaldson, ovvero il fondatore del gruppo politico nazista Blood & Honour – tutto torna). E il chitarrista neonazi inglese Steve Calladine, nome d'arte Stigger. Ma il pezzo forte e più identitario della serata sono i Katastrof, autori di tracce come *Guerrieri del Nordest*, *Veneto combattente*, *Prega il tuo Dio*, *Erich Priebke*. Quale miglior modo per onorare la nascita del Führer se non queste strofe che evocano anche il territorio?

Dal sangue longobardo, dai veneti antichi,
una banda di guerrieri si sono riuniti.
La forza è l'ideale, il pensiero radicale,
non abbiamo spazio per l'etica morale.
Il nostro sangue bolle di rabbia e cattiveria,
non abbiamo spazio per la tua miseria.
Dal nord siamo arrivati gelidi e spietati,
lasciamo ai culi neri preti e illuminati!

Noi siamo i guerrieri, guerrieri del Nordest!
Il tuo sangue chiama, fa parte di te!

Ci sono il delirio di onnipotenza, l'identitarismo comunitario e la chiamata guerresca al combattimento. Sembra di vedere la trasposizione musicale della costruzione dell'immaginario degli ultrà. Se poi si cerca ancora nella discografia dei Katastrof, si scopre che alcuni brani rimandano direttamente alla realtà dell'ultradestra veronese: la traccia *Fortezza Europa* (2016) precede di un anno la nascita dell'omonima associazione di Yari Chiavenato, Emanuele Tesauro, Nicola Martello e Andrea Bacciga, oggi onnipresente presidente della commissione sicurezza dell'amministrazione comunale.

Fili. Fili neri che da fine anni Ottanta portano a oggi. Con uno schema rituale. Come accade all'estero, anche la trama del VFS si snoda intorno a gruppi musicali perché dietro a quelle band in molti casi si muovono movimenti politici neofascisti e neonazi. Sono rapporti osmotici: musica e militanza. Gli omologhi europei delle teste rasate nordestine si ritrovano nei concerti «non conformi» organizzati in mezza Europa, da Treviso a Belgrado, da Dresda a Praga a Madrid. Formano un bosco e un sottobosco metapolitici, un circuito underground che, negli ultimi anni, è sempre più sfacciato. Un tempo i pianeti della galassia RAC (Rock Against Communism) erano come entità invisibili, tipo carbonari. Il VFS e la politica veneta che ha strizzato l'occhio agli impresentabili ha contribuito a renderli meno clandestini. Tra collanti emotivi e alleanze europee, gli «anelli» italiani si sono saldati con quelli di altri Stati. Facciamo degli esempi stando sempre sulla scena di «Ritorno a Camelot».

Gesta bellica, Hobbit, Garrota, DDT (Dodicesima disposizione transitoria: naturalmente è quella che nella nostra Costituzione vieta la ricostituzione del disciolto Partito fascista), Malnatt, Acciaio vincente, Linea ostile, Ultimium, Onda nera, Topi neri, Razza fuorilegge, La vecchia sezione, Sumbu Brothers, 1903. Sono alcuni dei gruppi italiani che si sono avvicendati in questi anni ai raduni. Tutte band collegate a formazioni dell'ultradestra razzista e nostalgica. E dunque pubblico, militanti, indottrinamento, merchandising: un circuito di eventi che abbatte quelle frontiere che gli ultranazionalisti e i suprematisti vorrebbero cementate da muri. Alla fine è come un gioco di specchi. O un sistema di scatole cinesi. Dietro il gruppo musicale c'è la propaganda politica, le manifestazioni di strada. Il caso dei veronesi Gesta bellica esemplifica come in questi anni le band RAC italiane abbiano giocato un ruolo da protagoniste nelle kermesse «non conformi» europee, contribuendo a costruire alleanze. Citiamo altri gruppi stranieri al centro della scena: gli inglesi Stevie, Skrew You e Stigger; Mistreat dalla Finlandia, gli scozzesi Nemesis, i tedeschi Sachsonia che suonano – lo dicono loro senza giri di parole – «nazi Rock'n'Roll», e Kraft durch Freude («La forza attraverso la gioia», dal nome dell'organizzazione ricreativa del nazionalsocialismo). E poi Oi-Kor in Ungheria, in Slovacchia Kratky Proces e gli spagnoli Jolly Rogers che suonano a eventi di Vox e dei gruppi che si contendono l'eredità della Falange spagnola, il movimento politico di Francisco Franco. Tra questi, España2000. Molto attiva nel periodo della pandemia durante il quale ha cavalcato le proteste no mask con torce, simboli franchisti e fascisti e le bandiere della Falange.

Che il Covid sia stato usato dall'ultradestra europea come un volano per sfidare gli Stati e i governi l'abbiamo visto anche a Verona. La stessa cosa è avvenuta in Francia, Regno Unito, Germania, Ungheria, Polonia. E ovviamente non solo in Europa ma anche in altri continenti, a partire dall'America, Stati Uniti in primis. Un inatteso evento planetario – il virus – ha fornito all'Internazionale nera un'opportunità per rinforzarsi e rinsaldare vecchie alleanze. In Germania la polizia ha sequestrato armi e materiale di propaganda neonazista nelle sedi del Reichsbürger («Cittadini del Reich»), un gruppo estremista con 19.000 membri e filiali in dieci dei sedici Länder. Fari accesi anche su NPD (Nationaldemokratische Partei Deutschlands, Partito nazionaldemocratico di Germania) e il più recente AFD (Alternative für Deutschland, Alternativa per la Germania). Il primo, fondato nel 1964, tesi razziste e nostalgiche, storico alleato di Forza Nuova, mira a sostituire il sistema costituzionale con uno stato autoritario fondato su un popolo «etnicamente definito». Il secondo è stato messo sotto osservazione da parte degli apparati di sicurezza tedeschi perché considerato «potenzialmente pericoloso per la democrazia». Come Pegida (che sta per Europei patrioti contro l'islamizzazione dell'Occidente), come la Gioventù tedesca fedele alla patria e gli altri gruppi neonazisti diffusi nella Germania dell'Est, che da anni alimentano un clima d'odio nei confronti degli immigrati tra pestaggi e manifestazioni razziste. Un'escalation che ha portato il consiglio cittadino di Dresda a dichiarare un'«emergenza neonazismo».

Nella recrudescenza europea dell'estremismo nero – che i servizi di Intelligence danno in crescita lenta ma progressiva da una decina d'anni – giocano un ruolo decisivo la propaganda di due formazioni. La prima è il Movimento Identitario, una rete transnazionale diffusa soprattutto in Germania, Austria e Francia. Ha tentato di penetrare anche in Italia con scarso successo. Ma ad alcune loro iniziative hanno partecipato i militanti di CasaPound, i «fascisti del terzo millennio». L'altra, molto più violenta, è il gruppo neonazista tedesco Combat 18 (noto anche con la sigla C18; il numero 18 corrisponde alla prima e all'ottava lettera dell'alfabeto: A e H, le iniziali di Adolf Hitler), già autodefinitosi «la task force di Adolf Hitler». Il movimento, legato alla già citata rete internazionale dell'ultradestra Blood & Honour, ovvero il circuito dentro il quale si muove al suo debutto anche il VFS, è stato messo al bando l'anno scorso dal ministro degli Interni tedesco Horst Seehofer in quanto «contrario all'ordine costituzionale». A imprimere un'accelerata fu il barbaro omicidio di Walter Lübcke, il politico della CDU ucciso a Wolfhagen nel giugno 2019 da un estremista che aveva contatti con Combat 18.

Per capire come e attraverso quali canali Combat 18 fa propaganda e recluta aderenti, sono illuminanti le parole del ministro tedesco Seehofer. «Combat 18 ha contribuito attraverso la produzione di musica dai contenuti di estrema destra ed eventi musicali a essa collegati a diffondere un'ideologia che disprezza i diritti umani.» La rete dei concerti nazirock, dunque. Il circuito che riporta nella realtà il mondo nero che prolifera sul web, dove l'ultradestra da anni ha alzato l'asticella. La transnazionalizzazione è uno dei tratti più rilevanti dell'attività e della comunicazione dei movimenti neofascisti e neonazisti. Secondo uno studio della ricercatrice Manuela Caiani su seicento gruppi di estrema destra attivi nel mondo, un terzo dei loro siti è collegato con pagine web o ha legami con altri gruppi della stessa matrice. Dalla piazza virtuale poi si passa alla piazza fisica. Qui si riannodano i fili con il VFS e le sue connessioni europee.

Sangue e onore

Scambi. Gemellaggi. Ospitate. Tutto ciò che odora di razzismo per i «frontisti» è il benvenuto. Se viene dall'estero, ancora meglio. È un accreditamento. Testimonia che gli interlocutori italiani del circuito suprematista sono loro. Nell'edizione di Camelot del 2011 a Revine, un boato e un applauso accolgono il messaggio inviato ai naziskin veneti da Piet «Skiet» Rudolf, leader di Volkstaat: un'organizzazione che in Sudafrica lotta per l'indipendenza dei boeri, contro il «predominio nero». Uno dei punti di riferimento dell'internazionalismo del White Power. Un mondo di mezzo che inizia a comporsi fattivamente nel 1988 a Brest, 140.000 abitanti in Bretagna. Migliaia di skinhead suprematisti da tutta Europa si radunano: nei violenti scontri con la polizia sono coinvolti anche i militanti veneti. Che tornano nel Nordest italiano carichi e decisi a fare sistema. A destra della destra. Poi sarebbe arrivato l'endorsement «culturale» ottenuto dagli ospiti che negli anni parteciperanno alle loro iniziative. La lista va da Paolo Signorelli, ex Ordine Nuovo e Fronte Sociale Nazionale, a Mario Borghezio e Carlo Taormina, dal giornalista Massimo Fini all'avvocato Paolo Giachini – il legale di Erich Priebke che per diciotto anni ospitò e accudì nel suo appartamento a Roma il boia delle SS condannato all'ergastolo per l'eccidio delle Fosse Ardeatine –, a Giacinto Auriti, il giurista missino che odiava le banche.

Come si presentano i frontisti di Lonigo e Verona? Chi sono? Dopo gli anni di Puschiavo, dal 2006 il movimento è guidato dal vicentino Giordano Caracino. C'è sempre un direttivo, la struttura è rigorosamente militaresca. L'immagine che hanno scelto per veicolarsi all'esterno è quella delle «bestie predatrici». Pronti a battersi se «l'immigrazionismo prenderà il sopravvento» e se la «polveriera Europa esploderà». Quel momento, per i naziskin venetisti, è ieri. Il ritorno a Camelot e la mitologia di re Artù è la metafora. La cantano i Gesta bellica dell'«inglese-veronese» Alessandro Castorina: «La leggenda narra che re Artù tornerà / re di una volta e per l'eternità. / Il re guerriero ci guiderà / a riconquistare la libertà. / Ricordi quel mito di sangue e di onore? / Per la giustizia si torna a lottare. / Ritornino i tempi degli uomini veri, / torni re Artù e i suoi cavalieri! [...] Sangue e onore». Ancora una volta. *Blut und Ehre*. Le parole del Führer sono un mantra per i soldati-politici dei raduni all'insegna del White Power. «Io voglio una gioventù brutale, tiranna, intrepida e crudele» disse Hitler nel 1933. «Non deve avere nulla di debole e delicato. La libera, splendida bestia predatrice deve ancora una volta emergere brillando dai suoi occhi.»

Eccolo il modello del VFS. È questa l'idea di Europa sostenuta dalla propaganda degli estremisti veneti. L'idea che a tracciare il solco sia stato un attuale dirigente di Fratelli d'Italia – un partito che per voce della sua leader si candida a governare l'Italia – fa venire qualche brivido. Ripercorrere le tappe principali della prima creatura politica di Piero Puschiavo, e di cosa sia stata capace, è dunque utile a tenere il punto con una storia che pare meno lontana di quanto suggerisce il calendario.

Nella seconda metà degli anni Ottanta Puschiavo ha un'intuizione: penetrare negli ambienti giovanili più permeabili, e quindi curve degli stadi e concerti. Le band di riferimento si chiamano Peggior Amico, Legge Marziale, Guerriglia Urbana, Hope & Glory. Ma il salto di qualità per il Fronte arriva appunto da Verona. Alessandro Castorina, Andrea Miglioranzi, Fabio Bazzerla e Gabriele Cristiano: sono i componenti di Gesta bellica, naziskin legati agli ultrà dell'Hellas. Assieme a Francesco Mancini, nel 1991, danno vita al nucleo veronese del VFS. È gente conosciuta in quegli anni: si muovono nell'ambiente dell'estremismo politico e lo stadio, dove spopolano le Brigate Gialloblù. Un'altra figura di spicco è Massimo Menegatti, animatore dei Plastic Surgery e redattore di «Avanguardia». Verona, dunque. Dall'impulso scaligero nasce l'idea di federare le realtà delle teste rasate italiane nel coordinamento nazionale Skinheads d'Italia.

Sono gli anni delle prime importanti ondate migratorie in Italia: soprattutto dal Nordafrica, dall'Albania e dall'est Europa. La reazione dell'ultradestra è registrata dalle cronache. Alcuni episodi. L'8 marzo 1991 a Padova un rogo doloso avvolge un rifugio per immigrati. L'anno dopo a Bassano va in fiamme un ricovero di extracomunitari. Ma il fatto più grave avviene in provincia di Vicenza: a settembre 1992, mentre a Milano deflagra Tangentopoli, gli skinhead veneti uccidono a calci e pugni un tossicodipendente. Il giorno prima un'altra banda legata al VFS aveva fatto irruzione in una cascina abitata da immigrati: il leader del gruppo – come ricostruisce Misteri d'Italia, l'archivio fondato da Sandro Provvisionato – è tale Michael Lupatini. Figlio di emigrati in Belgio, è stato schedato tra i partecipanti di «Ritorno a Camelot», il raduno liturgico delle teste rasate.

Sono gli stessi anni in cui opera il Fronte Nazionale di Franco Freda, l'organizzazione neonazista sgominata dalla procura di Verona. I due ambienti in qualche modo si tengono. Tutto si tiene nel mondo nero veneto. Basta scavare e i rapporti e le connessioni vengono a galla. Molte passano all'ombra dell'Arena. Le cerniere di collegamento con il VFS? L'ideologo Paolo Signorelli e, attraverso i suoi «ragazzi», lo stesso Freda. La sua casa editrice nel 1998 traduce il libro *Il campo dei santi* dello scrittore francese Jean Raspail. In questo romanzo fantarazzista si racconta una migrazione di milioni di persone dalla pelle scura sulle coste della Francia. Il governo buonista francese – ricostruiscono Saverio Ferrari e Marinella Mandelli dell'Osservatorio sulle nuove destre – ne favorisce l'accoglienza. Ma la nuova popolazione prende il potere, mentre gli autoctoni sono costretti a fuggire. «Il campo dei santi» altro non sarebbe, dunque, che l'ultimo ridotto della civiltà bianca. La civiltà sotto assedio dell'immigrazione. Il «nostro» mondo in balia dei poteri finanziari globalisti che, nella vulgata fasciosovranista, vorrebbero sostituirla con i popoli africani. Non è dunque un caso che l'evento culturale intorno al quale ruota l'edizione 2011 del "Ritorno a Camelot" si intitoli proprio «Il campo dei santi».

Razza Piave

Come resistere? Qual è la ricetta dei «guerrieri del Veneto» paladini della razza Piave e sostenitori della superiorità dell'uomo bianco? In prima linea ci sono i butèi. Sono il baluardo che l'immaginario collettivo dei frontisti mette sullo scacchiere delle ossessioni che riempiono la loro propaganda alimentata dall'odio e dall'etnonazionalismo. C'è Puschiavo a capo del VFS quando il 29 agosto 1991 al primo Camelot (quello che dà vita al network nero Base Autonoma) gli ospiti europei sono accolti da questo cartello: «Il cielo si oscura, il rumore si propaga, noi fascisti siamo pronti alla battaglia». Già. Contro immigranti, prostitute, gay. «Di nuove prostitute ne abbiamo già abbastanza, è ora di svegliarsi da questa indifferenza, roulottes e accampamenti peones e immigrati, fuori dall'Italia, fuori i parassiti» cantano i Peggior amico. Sono gli stessi «parassiti» eliminati da Ludwig dal 1977 al 1984.

Francia e Inghilterra accolgono l'invito del Fronte: mandano a Vicenza – rispettivamente – Skinprost e Kontingent 88, e Skrewdriver. Ma sui raduni delle teste rasate, che sono presenti in tutto il Triveneto, si accendono i fari della magistratura. Agli avvisi di garanzia per tentata ricostituzione del Partito nazionale fascista piovuti sulle teste di Puschiavo e di tutto il gruppo dirigente, i naziskin rispondono alzando il livello della loro provocazione anti-Stato: il 20 aprile del 1994 quattordici militanti VFS festeggiano la nascita di Hitler a Monzambano (Mantova); il 14 maggio sfilano in duecento nel centro di Vicenza, una prova di forza per protestare contro le indagini della magistratura. Un boomerang. Perché il 4 ottobre 1994 la procura chiude il cerchio: sette arresti per violazione della legge Mancino. In manette finiscono il leader Puschiavo e i sei componenti del direttivo. Tra cui il «gruppo di ferro» veronese, quello che ruota intorno alle figure di Alessandro Castorina e Andrea Miglioranzi. Gli estremisti di destra dei Gesta bellica che riemergeranno dal passato nell'era Tosi e poi Sboarina. Finiranno entrambi nella rete del giudice Papalia.

I primi segnali del patriottismo locale – solo locale – dei butèi ebbero una loro rappresentazione plastica il 22 aprile 1989 allo stadio Bentegodi durante l'amichevole Italia-Uruguay, quando le frange più oltranziste del tifo veronese fischiano e insultano l'inno di Mameli e addirittura violano il minuto di silenzio per i morti della strage allo stadio di Hillsborough a Sheffield (novantasei morti, la settimana prima). In piazza Bra, cuore di Verona, nel 1990 spunta un manifesto che la procura attribuisce al VFS di Puschiavo: «Siamo un gruppo di giustizieri nazifascisti. Rivendichiamo la nostra territorialità messa a dura prova con l'arrivo di questi cani negri che contaminano la nostra terra e che portano la loro droga nel sangue italiano».

Aggressioni e raid razzisti, lo stadio a fare da incubatore e palcoscenico. In un delirio di violenza e paganesimo nazionalsocialista, e pure di più. In un'operazione che porta alla scoperta dell'organizzazione Cerchio Satanico, emerge che il capo, Alberto Savio, distribuiva agli affiliati un codice vademecum firmato Sentiero Veneto Fronte Skinheads. Rituali orgiastico-esoterici sotto i simboli del male, le croci celtiche del Terzo Reich. È esattamente quello che faceva in quegli anni negli USA il Pagan Front che, sfruttando la musica black metal, attirava le gang giovanili penetrando la loro subcultura con un impasto di satanismo e nazionalsocialismo. I «Sieg Heil» e i «Boia chi molla» scanditi nella curva dell'Hellas sono gridi di battaglia per la gioventù nera veronese. Sulla fine degli anni Novanta il VFS e i camerati veneti sono accreditati come un partner credibile dal movimento internazionale Hammerskin nato negli USA da una scissione del Ku Klux Klan. A Verona la Digos scopre una cellula collegata con i Charlemagne Hammerskin.

Ma i legami internazionali non bastano. Per il capo Piero Puschiavo a un certo punto diventa fondamentale la collaborazione con l'estrema destra istituzionale: i frontisti si avvicinano alla Fiamma Tricolore, e a Verona, nel 1999, sfilano in una manifestazione anti-immigrati insieme alla Lega Nord. Che a quel tempo voleva dire Flavio Tosi. I VFS non sono più «brutti sporchi e cattivi». Non agli occhi dell'amministrazione comunale veronese, che concede loro spazi per i soliti concerti e di fatto li legittima. Accade il 14 marzo 1999 e poi ancora a giugno: il teatro tenda Estravagario ospita il «Concerto per l'Europa» bianca; suonano gruppi neonazi come Aurora, 270 bis, Rokaforte, Gesta bellica. Gesta bellica che concedono il bis, nello stesso posto, per la Festa del solstizio: un classico di camerati e nostalgici. Che i musicisti e il leader del gruppo fossero stati arrestati per violenze e istigazione all'odio razziale sembra un dettaglio. Ennesima prova è che il 4 novembre 1999 suonano alla giornata «No Smog». Patrocinata dal Comune e dalla Provincia di Verona.

Barzelletta triste

C'era un terreno da coltivare, allora. Verona di quel terreno era la proprietaria. L'Europa guardava alla città scaligera non solo per le straordinarie messe in scena della lirica in Arena, ma anche per l'altra faccia della luna. Il laboratorio dell'ultradestra iniziava a essere in gran fermento. Una data in qualche modo storica resta il 16 dicembre 1999. È sempre l'Estravagario a fare da cornice – stavolta pure col patrocinio del Comune – a uno dei più grandi meeting europei di musica RAC: partecipano centinaia di naziskin da Germania, Inghilterra, Francia, Belgio. Tra grida e svastiche assistono alle esibizioni degli Ultima Thule svedesi, i Condamned inglesi, i Front 82 trevigiani. Il clima diffuso dal movimento nazionalsocialista veneto è pesante. La firma del VFS ritorna, in occasione di atti violenti. Una decina di militanti vengono arrestati durante il viaggio di rientro da un raduno a Laimburg per un'aggressione a dei lavoratori stranieri in un autogrill: una delle vittime è ferita gravemente da una coltellata.

Episodi che a Verona fanno curriculum, evidentemente, se è vero, come è vero che quando a marzo 2001 la Regione Veneto patrocina la creazione di un Osservatorio per la Giustizia giusta, oltre a esponenti di Forza Nuova, Lega Nord e tradizionalisti cattolici, nella cabina dell'osservatorio ci sono anche aderenti del VFS. Sembra una beffa, una barzelletta triste. Ma tant'è. È l'inizio della fase due. Quella che segna l'ingresso – si direbbe senza fretta ma senza pause – dell'ultradestra nel palazzo. La due cerniere con la politica altolocata sono Andrea Miglioranzi e Piero Puschiavo. Loro interlocutori privilegiati, il leghista Tosi e l'ex assessore aennino Luca Bajona.

Tosi e Bajona sono responsabili di avere legittimato politicamente una formazione la cui propaganda e azione violenta era nota alle cronache, alle questure e ai tribunali. Sono quarantatré i naziskin rinviati a giudizio nella maxi inchiesta veronese: quasi tutti difesi dall'avvocato Roberto Bussinello, il fan di Priebke, allora dirigente veronese di Forza Nuova poi passato a CasaPound Italia. «Abbiamo sempre agito nella legalità» dice in aula Puschiavo che si presenta ai giudici come un imprenditore del tormentato Nordest. Tra autoassoluzioni e attacchi alla stampa cattiva e mossa da pregiudizi, il futuro dirigente di Fratelli d'Italia difende i valori dei frontisti, ovvero i «valori morali e naturali legati alla famiglia». E ribadisce: «Noi siamo contro questa forma di immigrazione incontrollata che tende a cancellare la cultura millenaria europea che difendiamo; anche la manodopera chiamata nel Nordest andrebbe garantita offrendo i posti di lavoro prima ai nostri meridionali. L'industrializzazione selvaggia ha favorito le condizioni di precarietà degli immigrati».

Le vicende giudiziarie di Puschiavo e dei suoi colonnelli rappresentano, a loro modo, un caso da manualistica forense. Con un epilogo inimmaginabile anche per gli stessi imputati. Arrestato nel 1994 per istigazione all'odio razziale; indagato nel 1995 per apologia di genocidio; rinviato a giudizio nel 1997 appunto per odio razziale e costituzione di associazione avente tra i propri scopi l'incitamento alla discriminazione o alla violenza per motivi razziali, etnici o religiosi – nonostante il clamore mediatico e l'indignazione dell'opinione pubblica e della politica per le gesta del VFS – nel 2005 arriva il verdetto del processo d'appello: assoluzione. Puschiavo & Co. vengono finanche risarciti per l'eccessiva durata del processo in quanto i reati delle teste rasate, pur accertati, erano ormai prescritti. Una beffa per i valori della Costituzione antifascista? Forse. Seguirà anche il danno, o viceversa. A riprova del fatto che i reati c'erano e che la matrice ideologica e l'azione del VFS fossero quelle evidenziate dalle indagini e dalla propaganda stessa dell'organizzazione – che di certo non si nascondeva – c'è la continuità di questi anni. Fino all'azione squadrista di Como, fino alle parate nere e i saluti romani in memoria di Mussolini.

Nel 2020 il Covid ha fatto saltare il raduno musical-militante Defend Europe. I vertici del VFS l'hanno comunicato con una nota in inglese: si prevedevano, al solito, centinaia di presenze dall'estero. In attesa che le norme anticontagio permettano di riprogrammare la kermesse non hanno però mollato l'acceleratore. Il 13 maggio 2021 sulla web radio Radio KulturaEuropa hanno parlato di «Europa tra musica e cultura». Nel parterre dei relatori, vecchia e nuova guardia del VFS: l'Alessandro Castorina che veste i butèi dell'Hellas e che era in piazza con i camerati la sera della vittoria elettorale di Federico Sboarina; il presidente Giordano Caracino, Giulio Bocchi e Andrea Casolari, rispettivamente responsabili della linea politica e della sezione giovanile del Fronte.

Il vecchio fondatore Puschiavo apparentemente oggi sta su un predellino a distanza: posta foto istituzionali coi colleghi di Fratelli d'Italia durante la campagna di tesseramento, pubblica affondi contro il gender e la legge Zan, se la prende con Draghi. Parallelamente porta avanti il suo contenitore politico nordestino, quel Progetto Nazionale che ha imbarcato anche giovani camerati e skinhead. E che porta acqua a FDI. Cita addirittura Dante: «Vien dietro a me, e lascia dir le genti: sta come torre ferma, che non crolla già mai la cima per soffiar di venti...». C'è un'immagine a cui dicono Puschiavo tenga particolarmente ed è reperibile in rete. Una cinquantina di teste rasate posano di spalle su una scalinata sormontata da un tricolore. Sono disposti su tre file orizzontali. La maglietta blu con la scritta PN. Lui sta in mezzo, guarda l'obiettivo del fotografo con posa marziale: braccia dietro la schiena, cravatta e un po' di adipe intorno ai fianchi. È l'operazione camaleonte del vecchio cameratismo. Il «comandante» vicentino sdoganato dalla Verona nera è ancora lì al suo posto: sogna un posto al sole con FDI. Dice che le sue idee, che sono sempre quelle, oggi trovano una traduzione pragmatica nel sovranismo di Giorgia Meloni. Il suo vecchio socio del Fronte, quell'Andrea Miglioranzi ex Gesta bellica portato in Comune da Tosi e poi presidente dell'azienda dei rifiuti AMIA, se la passa un po' meno bene. È finito agli arresti domiciliari nell'inchiesta «Isola Scaligera» dell'Antimafia. Che ha fermato uomini legati alla 'ndrangheta stabilmente attivi del Veronese e in grado di avvicinare la politica locale.

Quando era presidente di AMIA – secondo l'accusa – Miglioranzi avrebbe affidato illecitamente all'istituto Fermi i corsi di aggiornamento del personale dell'azienda, ricevendo in cambio una somma di denaro che la DDA ritiene essere stata una mazzetta. Miglioranzi ha richiesto il patteggiamento, ma a giugno 2021 gli è stato negato. Dovrà affrontare il processo con rito abbreviato. Patteggiamento che invece gli è stato accordato per un'altra vicenda giudiziaria riguardante l'uso per spese personali della carta di credito aziendale di AMIA. Miglioranzi ha risarcito la partecipata del Comune con 5000 euro: lì si è concluso il procedimento con una pena a un anno e due mesi. Il tramonto poco glorioso del bassista dei Gesta bellica.

C'era una volta la «strada dell'onore». L'hanno chiamata così i naziskin veneti nel loro libro autocelebrativo. Anche se le storie che abbiamo raccontato suggerirebbero altro, una cosa non può essere negata: nell'arco di trenta e passa anni l'ala più dura del movimento neofascista e nazionalsocialista veneto è riuscita a clonarsi. Dai tempi della lotta contro il sistema e il potere politico dei partiti, alcuni dei suoi esponenti più in vista hanno deciso di entrarci, nel sistema. Tradimento? Ambizione personale? O opportunismo politico per aprire la strada e portare le battaglie dell'ultradestra in una zona confortevole mai conosciuta prima? Se si osservano le dinamiche della politica veronese, quest'ultima ipotesi pare la più veritiera. È grazie allo sdoganamento ottenuto dalla destra di palazzo se oggi i camerati vedono le loro idee, simboli e istanze rappresentate da chi sta nell'amministrazione. La Verona che offre di sé l'immagine di città reazionaria è il più grande e insperato successo per i nostalgici di Priebke e dei «boia chi molla». Loro che sognano l'«Europa bianca» e libera da gay e immigrati; loro che hanno un'idea maschilista, machista e sessista di società e che vedono la donna su un gradino più basso rispetto all'uomo – ne è prova l'assoluta esiguità numerica della componente femminile nei gruppi di destra radicale –; loro che sono partiti dallo stadio e allo stadio ritornano; loro che negli anni Ottanta pensavano di risolverla coi pestaggi e gli assalti con le taniche di benzina. E invece oggi c'è chi li accontenta usando le più sofisticate armi delle delibere, dei convegni sponsorizzati. Veneto Fronte Skinheads, Forza Nuova, Fortezza Europa, CasaPound. Con il vento a favore e le ultime tre amministrazioni ben disposte, è manna dal cielo. E l'ultradestra – al netto delle divisioni e delle distanze tra le varie sigle – gongola. L'Europa ci guarda.

Vecchio nuovo nido

«Ebbene sì, quest'anno giochiamo in casa.» Due anni fa CasaPound ha organizzato a Verona «Direzione rivoluzione», la sua festa nazionale. Una quattro giorni di «politica, sport, musica, idee, dibattiti». Nel post su Facebook con cui i militanti scaligeri annunciano il raduno c'è chiaramente tutto il (doppio) senso di uno spirito di appartenenza: Verona è «casa» per i butèi; ma Verona è casa, evidentemente, anche per i «fascisti del terzo millennio», come si autodefiniscono i camerati di CasaPound.

Agriturismo Nido d'Aquila, a Roncà, 3700 abitanti nell'area del Parco della Lessinia. Gianluca Iannone e soci aprono le porte dell'evento a esponenti di primo piano dei due partiti nazionali della destra che in questi anni sono stati, ognuno a proprio modo, interlocutori e partner dei neofascisti devoti a Ezra Pound. La Lega di Matteo Salvini e Fratelli d'Italia di Giorgia Meloni. Da parte degli ospiti politici – deputati ed europarlamentari – nessun imbarazzo a partecipare alla kermesse di un movimento sotto inchiesta per violenze e per tentata ricostituzione del Partito fascista. Anzi. A parlare della «polveriera Libia» c'è il vicepresidente del Senato ed ex ministro della Difesa Ignazio La Russa, una storia tutta all'estrema destra dai tempi del Fronte della Gioventù. I senatori leghisti Andrea Ostellari e Simone Pillon – espressione delle posizioni più radicali e omofobe della Lega sul tema dei diritti LGBT+ – espongono le loro tesi, rispettivamente, su «leggi liberticide e polizia del pensiero» e sull'«era delle streghe» (titolo del libro del giornalista Francesco Borgonovo pubblicato dalla casa editrice Altaforte, legata a CasaPound e di proprietà del dirigente e picchiatore pregiudicato Francesco Polacchi).

Al primo incontro, insieme a Ostellari – che è presidente della commissione giustizia del Senato dove il ddl Zan è stato rallentato dall'impasse creata ad hoc dalla destra e in particolare dalla Lega – partecipano altri due relatori: l'avvocato veronese fan di Priebke, Roberto Bussinello, e il consigliere comunale di CasaPound a Bolzano Andrea Bonazza. Uno che nel 2016 si presentò in consiglio con una felpa inneggiante alle SS naziste. A completare la truppa sovranista FDI-Lega ecco l'assessore regionale veneto all'Istruzione Elena Donazzan, i deputati Andrea Delmastro (FDI) e Jari Colla (Lega), e il senatore Stefano Bertacco (FDI). Donazzan finirà nel polverone mediatico per aver cantato *Faccetta nera* in radio e per aver passato il 25 aprile 2021 commemorando sul monte Corno tredici soldati delle milizie naziste del Corpo di sicurezza trentino e un sergente tedesco che parteciparono al massacro della Lore, dove furono trucidati sei partigiani. Donazzan alla festa veronese è al centro di un dibattito sul tema «quale futuro per il sovranismo?». Accanto a lei, il leghista Jary Colla. Del quale si ricorda un poco glorioso passaggio dallo scandalo della Rimborsopoli lombarda (ha dovuto riconsegnare 37.000 euro) al ruolo di coordinatore del Molise, su decisione di Salvini.

Fascio circolare

C'è un comune denominatore che unisce gli ospiti di «Direzione rivoluzione» a Verona. In quel filo ci sono anche due nomi minori ma che balzeranno agli onori delle cronache giudiziarie: lo storico e docente universitario Marco Gervasoni e l'autrice di Altaforte e militante di CasaPound Francesca Totolo. Entrambi sono indagati in un'inchiesta su insulti e minacce contro il presidente della Repubblica, Sergio Mattarella. Nel curriculum di Gervasoni c'è anche l'odiosa vicenda del bodyshaming e delle offese sessiste alla vicepresidente della Regione Emilia-Romagna Elly Schlein. In quello della Totolo solo fuffa social, in uno sprofondo comunicativo tra l'ossessione per l'immigrazionismo e continue provocazioni che cadono nel vuoto. A chiudere il cerchio lo psichiatra sovranista Alessandro Meluzzi, già «diacono cattolico della Chiesa greco-melchita e poi presbitero della Chiesa ortodossa italiana autocefala celebrante il rito greco-bizantino ma derivato da una scissione dalla Chiesa assira d'Oriente di confessione nestoriana». Un curriculum che, per chi crede in questi titoli, gli è valso l'imperdibile nome ecclesiastico-patriarcale di «Alessandro I». A ottobre 2020, in piena pandemia, il patriarca Meluzzi pubblicherà su Twitter un fotomontaggio con l'immagine del tristemente noto ingresso del campo di sterminio di Auschwitz: al posto della scritta *Arbeit macht frei* (il lavoro rende liberi) c'è l'«Andrà tutto bene», il *leitmotiv* dei mesi della pandemia. In seguito, con la risalita del numero dei contagi dopo la prima devastante ondata del virus e il ritorno delle misure restrittive, Meluzzi pontificherà (è il caso di dirlo) in tv e interverrà a manifestazioni che sostengono tesi complottiste, no mask e no vax. Anche questo in linea con alcune manifestazioni in scena a Verona nella centralissima piazza Bra.

Come da tradizione dell'ultradestra, alla «rivoluzione» veronese di CasaPound nell'agriturismo di Roncà non può mancare la musica. A guidare l'elenco delle band che si alternano nella quattro giorni di festa c'è il gruppo di casa: gli Zetazeroalfa di Gianluca Iannone, che il 23 marzo 2019 si sono esibiti in un concerto identitario a Milano in occasione del centenario dei Fasci italiani di combattimento. Poi, tra gli altri, i veronesi Sumbu Brothers legati agli ultrà dell'Hellas, Topi neri, SPQR, Ultima frontiera e ADL 122 (gruppo nazirock milanese nato nel 1993 e che prende il nome dal decreto legge 122 emanato il 26 aprile 1993 e convertito poi nella legge Mancino: la bestia nera di fascisti e razzisti). In effetti aveva ragione quel post della vigilia: «Quest'anno giochiamo in casa».

Negli ambienti neri della politica sovranista il momento, da qualche anno, è propizio. Anche per rinsaldare vecchi rapporti transnazionali. Di questo fermento la scena veronese è indubbiamente una fucina. È il topos dove la narrazione circolare dei nostalgici che guardano al passato per tentare di marchiare il futuro trova la sua valvola di sfogo. Una storia iniziata con il raduno di Brest, continuata negli anni Novanta (negli atti della maxi inchiesta sul VFS è annotato un rapporto di polizia che registra il fermo al valico del Brennero di Alessandro Castorina nell'agosto 1999 mentre insieme ad altri militanti dell'ultradestra veronese e padovana sta cercando di raggiungere Norimberga per un mega raduno della rete «Skins» europea) e perfezionata nell'ultimo ventennio. Verona accoglie, fa sintesi, alza l'asticella. A Verona l'ultradestra arriva, e da Verona parte.

Tutti a Varsavia e ritorno

L'11 novembre 2018 a Varsavia 200.000 persone sfilano per celebrare i cent'anni dell'indipendenza della Polonia. Ma l'aspetto storico passa in secondo piano. Il mondo parla di quella marcia perché, insieme ai rappresentanti dello Stato, sfilano decine di gruppi nazionalisti, neofascisti e neonazisti provenienti da mezza Europa. Dopo le molte polemiche della vigilia, si era arrivati all'accordo che a dividere le due componenti della manifestazione – rappresentanti istituzionali del governo polacco e ultradestra – sarebbe stato un cordone di polizia. Questo perché da anni l'ultradestra polacca ha «fascistizzato» la festa nazionale, organizzando un proprio corteo. In piazza ci sono gli stessi movimenti razzisti, omofobi e antisemiti che nell'edizione dell'anno prima (e lo faranno anche in quella 2019) avevano mostrato striscioni come «Polonia Pura», «Europa bianca di paesi fratelli», «Dio, onore e patria», «La Polonia intera è solo bianca», «Vietiamo di essere froci», «Siamo cristiani, la patria non può morire come l'Europa occidentale cosmopolita». Il blocco più consistente di manifestanti è portato in piazza da due formazioni polacche: il Movimento Nazionale (RN) e la Falange ONR (Campo nazional-radicale) fondata nel 1935, scomparsa nel 1939 e rinata nel 1993: totalitarista, cattolica e antisemita. Insieme a loro i militanti della Gioventù Polacca (MW), già messo al bando dall'UE per la sua matrice islamofoba e intollerante, e i violentissimi hooligan polacchi incappucciati. Bandiere rosse con al centro un cerchio bianco e un simbolo che evoca una svastica si mischiano a quelle verdi e bianche dell'ONR. Ma ce ne sono molte altre di partiti e gruppi nazionalisti ed estremisti europei. Gli spagnoli di Democrazia Nazionale, gli ungheresi di Jobbik, gli ucraini di Svoboda, Milizia Nazionale e C 14, gruppi neofascisti e neonazisti da Belgio e Olanda, i Democratici svedesi, i greci di Alba Dorata, i neofascisti tedeschi di NPD e di Pegida, gli aderenti al circuito Blood & Honour.

Zero Islam

Molti militanti hanno il volto coperto da passamontagna mephisto. Tra bengala, torce e fumogeni, la folla scandisce slogan contro gli ebrei che «Vogliono derubare la patria», «Vogliono rubarci 300 miliardi di dollari» (il riferimento è alle richieste di risarcimento degli ebrei polacchi – sostenute dai legislatori americani – di quanto fu loro sottratto prima dai nazisti e poi da Mieczysław Moczar, l'uomo forte antisemita del regime comunista), e contro gli omosessuali e l'Unione Europea. Tra gli ultrà che sparano parole d'odio e di incitamento alla violenza contro i «ladri ebrei» e il gender ci sono anche i militanti di Forza Nuova, CasaPound e Fortezza Europa. I forzanovisti sventolano le bandiere del partito, presenti anche i giovani di Lotta studentesca. I «fortezzini» veronesi postano in rete le foto della marcia condividendole con l'attivissimo circolo ultracattolico Christus Rex di cui parleremo più avanti: come vedremo, sono gli ultracattolici guidati da Matteo Castagna di cui fa parte il deputato leghista Vito Comencini. Antibergogliani, non si riconoscono nella Chiesa conciliare ma solo nel «Cattolicesimo e nella Tradizione». Portano avanti crociate antiabortiste, spesso in condivisione con l'ultradestra. Idem per quanto riguarda i diritti LGBT+. A Verona organizzano iniziative e convegni con Fortezza Europa. Ecco l'orgoglio di ripostare le immagini dei militanti del movimento di Yari Chiavenato in trasferta polacca.

A Varsavia le decine di migliaia di patrioti e nazionalisti europei marciano gridando «niente Islam», «fuori i gay», «ripuliamo l'Europa dagli immigrati». L'ex terrorista nero Roberto Fiore parla di «Europa cristiana» e «ritorno ai valori di Gesù Cristo» per lanciare l'offensiva contro Bruxelles «globalista e terzomondista». Applausi. I camerati italiani vengono accolti dagli omologhi di gruppi con cui hanno rapporti da anni. I legami più stretti sono coi francesi di Génération Identitaire e Bastion Social (ex GUD, Groupe union défense), con l'ungherese Jobbik, con gli slovacchi del Partito popolare, con Alba Dorata e con gli estremisti rumeni di Nuova Destra che, come Forza Nuova, si ispira alla Guardia di Ferro di Corneliu Zelea Codreanu e che dal 2019 ha subito un'emorragia di consensi verso la nuova formazione di estrema destra rumena AUR (Alleanza per l'Unione dei rumeni).

Poi c'è l'ONR, il partito razzista e antisemita che a Varsavia fa gli onori di casa. Qui troviamo una vicenda interessante. Sembra la versione polacca di una delle storie veronesi che abbiamo raccontato. Quando Andrea Miglioranzi fu messo a capo dell'Istituto veronese per la storia della Resistenza, l'ondata di sdegno e le forti proteste lo costrinsero a un immediato passo indietro. Più o meno quello che è successo in Polonia a Tomasz Greniuch, ex esponente di ONR. A fine febbraio 2021 il discusso politico, travolto dalle polemiche e dalle vibranti proteste – anche e soprattutto da parte di Israele –, si dimette dalla carica cui era stato appena promosso: direttore della sede di Breslavia dell'IPN, l'influente Istituto della memoria nazionale, ovvero l'antichissima istituzione di ricerca storica polacca specializzata negli studi sui periodi dell'occupazione nazista e poi della dittatura comunista. A nulla è valsa la difesa iniziale dello stesso istituto che sulle prime aveva cercato di minimizzare la vicenda parlando di un «errore di gioventù» di cui Greniuch si era «pentito» e «dissociato». Ma che sarebbe finita in questo modo si era intuito quando, subito dopo il conferimento dell'incarico, avevano iniziato a girare in rete e sui media indipendenti polacchi delle immagini indifendibili: l'ex militante ONR mentre sfilava in piazza col braccio teso nel saluto nazista. Uno sfregio alla memoria della Polonia, paese che tanto ha sofferto sotto l'occupazione nazista pagando un tributo di vite altissimo.

Ma torniamo all'asse che dal Nordest italiano, e in particolare da Verona, porta nel cuore dell'Europa. Poggia su rapporti associazionistici ma anche personali; relazioni costruite negli anni, di collaborazione e di reciproca solidarietà. In campo ci sono per lo più movimenti extraparlamentari. Ma non solo. Basti pensare all'ombrello sovranista sotto il quale formazioni come CasaPound, Forza Nuova, Lealtà Azione, lo stesso Veneto Fronte Skinheads, o il Progetto Nazionale di Puschiavo, organizzano la loro propaganda di strada. A fare da sponsor sono spesso i grandi partiti di destra: la Lega di Matteo Salvini – che ha di fatto rinnegato nei simboli e nei contenuti la Lega Nord novecentesca – e Fratelli d'Italia, che affonda le sue radici nella tradizione fascista.

Interessante è anche il contenitore Alliance for Peace and Freedom (APF): l'associazione politica che raggruppa alcuni dei partiti neofascisti e nazionalrivoluzionari degli Stati membri dell'UE. Per l'Italia c'è Forza Nuova, per la Spagna Democrazia Nazionale, poi il Partito Nazionale Britannico, la Nuova Destra rumena, l'NPD tedesco, il Partito operaio della giustizia sociale della Repubblica Ceca, gli Identitaristi fiamminghi e il Fronte Nazionale del Belgio, Alba Dorata greca e il Partito popolare Slovacchia Nostra. Il presidente di AFP è ancora quel Roberto Fiore padre di undici figli, un tempo terrorista nero e oggi predicatore cattofascista.

La nuova Vandea

È il 24 novembre 2018. Non sono passate nemmeno due settimane dalla marcia per l'Indipendenza di Varsavia e Verona è di nuovo al centro della scena. I camerati di Forza Nuova sono rientrati dalla Polonia portando in dote un ospite speciale. Il convegno organizzato dal partito di Roberto Fiore ha un titolo provocatorio: «Verona Vandea d'Europa». È un meeting contro l'aborto. L'ospite annunciato è l'ultranazionalista slovacco Marian Kotleba, il leader del citato Partito popolare. Soprannome: «il duce» o «il cacciatore di rom», per il fatto che nel suo Paese ha istituito una milizia paramilitare per «salvaguardare l'ordine sociale». Le polemiche della vigilia e il previsto corteo dei neofascisti insieme alle associazioni cattoliche che aderiscono al Comitato No 194 (a cui è iscritto anche Lorenzo Fontana) creano un nuovo caso che vede protagonista, ancora una volta, l'amministrazione scaligera. Perché? Perché il Grand Hotel Des Arts, l'albergo che avrebbe dovuto ospitare il convegno, nega la sala per motivi di sicurezza (e dopo aver subito un mailbombing da parte delle associazioni antifasciste veronesi). Il Comune cosa fa? Si tira fuori? No, al contrario. Corre in aiuto ai forzanovisti ultracattolici e agli antiabortisti. Lo spazio di «aggregazione e solidarietà» di Porta Palio è gestito per conto dell'amministrazione dall'antichissima Società mutuo soccorso Porta Palio. Risultato: ecco spuntare l'accogliente sala Giavoni. Per Forza Nuova, in termini di incasso politico, alla fine conterà quasi di più l'ospitalità dell'amministrazione guidata dall'(ex) «indipendente di centrodestra» Sboarina che il convegno in sé. I camerati esultano sulla pagina Facebook della sezione veronese: «Porta Palio è uno dei luoghi simbolo dell'insurrezione antigiacobina a Verona. Miglior luogo di questo non potevamo averlo».

Al tavolo dei relatori, insieme al pluripregiudicato Fiore, ci sono i suoi due delfini Luca Castellini (coordinatore per il Nord Italia) e il ras romano Giuliano Castellino, una sfilza di precedenti penali, in seguito sottoposto a sorveglianza speciale dopo aver fomentato scontri di piazza a Roma nei mesi delle proteste per le restrizioni Covid dell'estrema destra. Poi i due ospiti stranieri, Kotleba e l'ultranazionalista Damian Kita, portavoce della marcia dell'indipendenza a cui hanno partecipato quindici giorni prima le bande nere veronesi. Doveva esserci (il nome compare sulla locandina ma darà forfait all'ultimo per impegni personali) anche László Toroczkai: sindaco della cittadina ungherese di Ásotthalom nonché uno degli estremisti più conosciuti in Ungheria. Leader onorario di diverse organizzazioni estremiste e paramilitari molto violente e fondatore del Movimento giovanile delle sessantaquattro contee, oggi è a capo del Movimento Nostra Patria. L'Ungheria e la Serbia hanno messo al bando Toroczkai per via di manifestazioni e rivolte che ha organizzato: Forza Nuova Verona lo invita come graditissimo ospite e l'amministrazione comunale non batte ciglio.

Completa il parterre Fabio Tuiach: pugile e consigliere comunale di Trieste, esaltatore di Hitler e collezionista di altre provocazioni di cui ricordiamo – visto il contesto – la frase «i femminicidi sono un'invenzione della sinistra». A ottobre il Consiglio comunale di Verona aveva approvato una mozione antiabortista proposta dal consigliere leghista Alberto Zelger. Sono seguiti cortei di protesta guidati dalle femministe di Non una di meno. Ecco la risposta del fronte identitario nero veronese: il convegno. «Mai come in questo momento storico abbiamo la percezione, anzi la certezza, di prepararci a un futuro luminoso e radioso», dice Fiore che porta a modello la Polonia dove «gli aborti sono calati da 300.000 a 700 in un anno, grazie alla legge. È quello che vogliamo anche in Italia. Noi siamo per il diritto alla vita, anche dei bimbi che possono avere degli handicap». Poi la chiosa finale: «A Verona da sempre il tradizionalismo cristiano è presente, è un patrimonio storico di questa città. Dimostreremo che Verona era, è e resterà sempre Vandea d'Europa». Sipario? Quasi. Due anni dopo il meeting di Porta Palio, la guest star slovacca Marian Kotleba sarà condannato a quattro anni di carcere per propaganda neonazista e aiuto a gruppi paramilitari dal tribunale di Banska Bystrica. Di che stupirsi, in fondo?

5

Una squadra a forma di svastica

Sono le 6,40 del 3 ottobre 2013: al largo di Lampedusa si compie la più grande tragedia dell'immigrazione degli ultimi cinquant'anni in Italia. L'imbarcazione sulla quale stanno viaggiando centinaia di migranti eritrei diretti verso l'isola siciliana va in fiamme dopo che alcuni passeggeri provano a segnalare la propria posizione incendiando una coperta. Il rogo si propaga sul ponte dove giacciono uomini, donne e bambini. È un esercito di disperati in fuga dal regime dittatoriale di Isaias Afewerki. La nave, avvolta dalle fiamme, si inabissa. Il bilancio della più immane strage del Mediterraneo è di 368 morti. Un evento che cambierà la politica sui migranti e darà il via all'operazione Mare nostrum.

Tre giorni dopo: 6 ottobre 2013. Allo stadio Dall'Ara i tremila ultrà al seguito dell'Hellas Verona per la partita con il Bologna lasciano un marchio indelebile su quella domenica di lutto. Un autentico sconcio. Come in tutti i campi delle serie professionistiche, prima del fischio di inizio, viene fatto osservare un minuto di silenzio in memoria delle vittime di Lampedusa. Durante quel minuto gli ultrà gialloblù, che già prima della partita si erano scontrati con le forze dell'ordine e la tifoseria avversaria, violano il sacro rispetto per i morti intonando un coro: «Io credo, risorgerò, questo mio corpo vedrà il Salvator». È un canto funebre. È il canto che accompagna la messa in suffragio di chi se ne va. Ma per gli ultrà dell'Hellas è semplicemente un inno, un coro identitario che nulla ha mai avuto a che fare né con la pietas né con il ricordo dei morti. Quel coro intonato a gran voce riecheggia al Dall'Ara esattamente come succede ogni domenica in occasione degli incontri casalinghi allo stadio Bentegodi. Ma sentirlo mentre si ricorda il dramma di un naufragio nel quale sono morte centinaia di persone fa accapponare la pelle e genera rabbia e indignazione. Alla fine di ogni strofa del canto, gli ultrà stendono il braccio scandendo un «sì, sì, sì». Qualcuno lo declina in un «Sieg Sieg Sieg» di hitleriana memoria. Strano? Neanche un po', conoscendo usi e costumi della curva sud dell'Hellas.

«*Adolf? is my friend*»

Per capire la tradizione filonazista e razzista degli ultrà del Verona, tifoseria che si può ragionevolmente definire la più oltranzista d'Italia, basta ricordare – tra i molti – un altro episodio. 1° luglio 2017: i tifosi dell'Hellas organizzano all'interno dello stadio una giornata autoreferenziale all'insegna dei loro simboli ideologici. Tra cori e alcol, va in scena addirittura una parodia della Via Crucis: un gruppo di ultrà, tutti vestiti da Cristo e con in braccio una croce, sfila tra due ali di folla sulla pista di atletica dell'impianto. Il percorso di «fede» prevede delle tappe alcoliche. La passione dei Cristi è condita da bestemmie e da cori che inneggiano a Adolf Hitler. Immancabile, anche qui, l'*Io credo, risorgerò*. Parte più volte. Lo intonano i Cristi e anche la folla che li incita a correre intorno al campo. I Cristi si esibiscono nel saluto romano mentre chi dirige la processione suggerisce loro cosa fare, dove e come muoversi, qual è la tappa successiva da affrontare. È solo pomeriggio. La Via Crucis blasfema finisce a gavettoni e con abbondanti scolate di vino e birra. Ma la festa continua. Qualche ora e molti bicchieri dopo, migliaia di tifosi riempiono il terreno di gioco del Bentegodi. La serata entra nel vivo.

Dal palco sotto la curva sud tappezzata dagli striscioni della tifoseria, il capo ultrà Luca Castellini si rivolge al pubblico. «Chi ha permesso questa festa, chi ha pagato tutto, chi ha fatto da garante ha un nome: Adolf Hitler.» Alla «battuta» esplode la gioia dei partecipanti che intonano altri due classici del repertorio degli ultrà veronesi. *Adolf Hitler is my friend* (cantata abitualmente anche dai laziali). E poi l'altro: «Siamo una squadra fantastica, / fatta a forma di svastica, / che bello è / allena Rudolf Hess...». Rudolf Hess: il vice di Hitler alla guida del Partito nazionalsocialista tedesco dei lavoratori.

Il video con i cori pro-Hitler e Rudolf Hess viene pubblicato sulla pagina No Boreal: diventa virale in poche ore. Insorgono la comunità ebraica, la politica, le associazioni pacifiste: lo sdegno è diffuso. Lo stesso club Hellas Verona interviene condannando duramente il comportamento inqualificabile e sconcertante dell'ala più dura della sua tifoseria. Al solito, gli ultrà respingono le polemiche. Parlano di «goliardia».

È il modo abituale con cui da anni, sprezzanti, replicano

a chi li accusa di essere dichiaratamente razzisti, neofascisti e neonazisti. Una caratterizzazione confermata da quasi mezzo secolo di intemperanze, inchieste giudiziarie, ed esibita con orgoglio dalla stessa curva sud come una sorta di marchio di fabbrica. Tuttavia il solito Castellini si affretta a sostenere la tesi, ancora, dello «scherzo».

Due anni dopo – dopo il caso dei «buu» razzisti indirizzati da alcuni tifosi del Verona a Mario Balotelli, che Castellini definisce «non del tutto italiano» – l'Hellas Verona mette al bando il capo ultrà dallo stadio fino al 2030. Castellini era già stato raggiunto in precedenza da Daspo, ma al cartellino rosso del ministero dell'Interno si aggiunge anche quello del club. Le parole del leader della sud vengono definite «espressioni gravemente contrarie ai principi etici e ai valori del nostro club». Da qui, la misura interdittiva che, «proporzionata alla gravità dei fatti, alla luce di quanto previsto [...] dal Codice comportamentale, [...] prevede la sospensione di gradimento» nei confronti del noto tifoso.

Ma quanti sono stati in tutti questi anni gli episodi, i cori, gli striscioni, le provocazioni di cui si sono resi protagonisti gli ultrà neri della curva sud? In quante occasioni il club avrebbe dovuto e potuto intervenire per prendere le distanze da una tifoseria nota in Italia e in Europa per le intemperanze e la sua matrice violenta, razzista, politicamente oltranzista e di estrema destra?

I butèi sono gli stessi che hanno provato a bloccare la mia presentazione di *NazItalia* e che si sono radunati in un centinaio all'esterno della sala Lucchi per «fare brutto». Sono i comprimari di un copione, la claque della destra cittadina.

C'è solo la Scala

Correva l'anno 1903. Un gruppo di studenti del liceo Maffei fonda l'Hellas Verona. Quando la squadra partecipava a tornei in ambito regionale, il calcio a Verona si suddivideva in due squadre o «parrocchie» contrapposte. Una è appunto l'Hellas, l'altra è la Bentegodi (vedi il nome dello stadio). La prima era associata all'aristocrazia cittadina, la seconda al proletariato. Dopo la presa del potere da parte del fascismo, a Verona, per riassestare gli equilibri «sociali» è decisivo un derby. È il 3 dicembre 1922. Come ricostruisce lo storico Andrea Dilemmi (bergamasco che vive e lavora a Verona) in una pubblicazione sull'immaginario della destra radicale degli ultrà scaligeri, ad aggiudicarsi la partita è l'Hellas. La squadra cittadina che prevale, dentro e fuori dal campo, è dunque quella seguita dai ceti più alti e abbienti. Le prime scintille dei tifosi veronesi risalgono a quegli anni: i «nemici» sono soprattutto i tifosi del Mantova e del Vicenza, ma col tempo si aggiungeranno quelli di altre città. Fino a quando gli ultrà dell'Hellas, già tra fine anni Settanta e metà Ottanta, si distingueranno per due striscioni che hanno connotato il tifo gialloblù segnando in qualche modo l'essenza stessa degli ultrà della curva sud: «Soli contro tutti» e «Noi odiamo tutti». Slogan stampati anche su sciarpe, bandiere e cappellini. Sono emblematici. In quelle parole c'è tutto. Sintetizzano, di fatto, il modello attorno al quale i butèi hanno costruito la loro identità: chiusura, isolamento, fortezza. La curva diventa un laboratorio dove coltivare il culto per la Scala – simbolo di appartenenza e insegna comunitaria – e mescolare la potente connotazione politica con una xenofobia e un razzismo esplicito. Il tutto strumentalmente mixato in un frullatore dove trovano posto l'ossessione per le tradizioni locali, il gusto per la provocazione e l'esibizionismo.

Ricostruire e analizzare le vicende degli ultrà dell'Hellas significa riassumere la storia, tra cronache sportive, nere e giudiziarie, del suo gruppo storico: le Brigate Gialloblù. Una delle formazioni più violente e razziste della storia del tifo calcistico italiano. Nonostante si siano sciolte trent'anni fa in seguito a un deciso intervento della magistratura che ne aveva, di fatto, decapitato i vertici, le Brigate e i suoi vecchi leader hanno continuato a essere il perno intorno al quale si muove la scena del tifo scaligero.

In principio, alla fine degli anni Sessanta, il primo nucleo organizzato di supporter dell'Hellas è il Club i 4 fedelissimi. Seguono la squadra anche in trasferta, sugli spalti sono i primi che – con la nascita del movimento ultrà italiano – assistono alla partita in modo «fisico»: stando in piedi in curva, incitando la squadra e accompagnando le grida di sostegno con tamburi rudimentali o percuotendo le barre di protezione poste sugli spalti. Il solco è tracciato. Il 30 novembre 1971 un gruppo di giovani di Borgo Venezia fonda il Calcio Club Verona Brigate Gialloblù. Sono anni di tensioni e di scontri, in cui la politica scivola dalla polarizzazione all'estremismo. Una deriva alla quale le Brigate, all'inizio, non sembrano volersi unire. L'idea originaria del gruppo è semplicemente quella di provare a spostare o comunque allargare l'asse dell'aggregazione giovanile: dalle strade allo stadio. Una dimensione di evasione, di divertimento tribale, ma, almeno inizialmente – e per ciò che si vedrà dopo pare un paradosso –, affrancato dalla politica. I primordi dei butèi seguono un solo credo: Verona e il

Verona. Non l'estremismo nero né rosso. Le Brigate delle origini sono apolitiche, benché alcuni dei fondatori provenissero addirittura da ambienti studenteschi di sinistra. Da lì la scelta di chiamarsi «Brigate» (secondo altri ci fu anche qualche timido suggerimento di alcuni nostalgici repubblichini, vedi le «Brigate nere»). Il debutto sulla scena è scandito da uno striscione lungo trenta metri: scritta gialla su sfondo blu. Striscione che resterà per sempre come simbolo.

Soli contro tutti

Lo scontro tra tifoserie per affermare la propria supremazia è una moda che prende piede dentro e fuori gli stadi italiani soprattutto a cavallo degli anni Ottanta e Novanta. Quando in ogni città i gruppi in trasferta davano vita a cortei dalle stazioni ferroviarie allo stadio con in testa lo striscione della formazione che comanda in curva. Conflitto crescente, rivalità acerrima con squadre come Vicenza, Brescia, Milan, Juventus, Atalanta. In questo scenario i butèi scaligeri si fanno notare essenzialmente per due caratteristiche: il tasso di violenza e la pratica politica – a questo punto sì – sempre più esplicita ed esibita. Una pratica caratterizzata da un razzismo che nel panorama del tifo calcistico italiano non ha pari, e che in quegli anni viene indirizzato soprattutto contro le tifoserie meridionali. Già a fine anni Settanta svastiche e croci celtiche iniziano a girare in curva sud. Nel covo del tifo scaligero, accanto alle Brigate, si impongono altri gruppi. Tutti di estrema destra. Gioventù scaligera, Veneto Front, Inferno Gialloblù. Il Veneto Front era l'emanazione calcistica dei neonazisti del Veneto Fronte Skinheads capeggiati da Andrea Miglioranzi e Alessandro Castorina.

Tutto ciò contribuisce a rafforzare la fama degli ultrà Hellas come tifoseria fascista e razzista. «Soli contro tutti», rissosi. I butèi allo stadio intonano gli inni fascisti del dopoguerra: «Me ne frego è il nostro motto, me ne frego di morire, me ne frego di Togliatti e del sol dell'avvenire. Se il sol dell'avvenire è rosso di colore, me ne frego di morire sventolando il tricolore! Ce ne freghiamo della galera, camicia nera trionferà. Se non trionfa sarà un macello col manganello e le bombe a man! Me ne frego!»; scandiscono «duce duce» e si esibiscono in saluti romani collettivi, tra simboli runici e croci celtiche. In curva sud sbarca la moda del casual inglese. Abbigliamento e tifo. Uno dei pontieri con la scena londinese è lo stesso Alessandro Castorina (che nel 1993 apre il suo negozio Camelot Store in via IV Novembre). Lui come altri «brigatisti» vanno e vengono dal Regno Unito, e così la tifoseria scaligera inizia a mutuare uno stile estetico particolare, che negli anni la distinguerà dalle altre. A differenza del cliché ultrà degli anni Ottanta-Novanta e inizio Duemila, i veronesi tengono particolarmente al modo di vestire. Marchi di moda inglesi, occhiali Ray-Ban, polo e camicie griffate. Quasi mai trasandati, e proprio per questo ancora più spavaldi. L'arroganza e l'autodeterminazione come gruppo originale e sbruffone caratterizzerà il loro cameratismo fino a oggi. Ma la carta d'identità degli ultrà dell'Hellas è la violenza, il conflitto permanente.

Il 21 dicembre 1986, i tifosi gialloblù in trasferta a Brescia provocano incidenti e devastazioni: centinaia di auto e vetrine dei negozi distrutti con martelli e mazze, danneggiata la stazione ferroviaria, divelte persino le cabine telefoniche. Un corteo di hooligans che mette a soqquadro una città e, nello sconcerto generale, guadagna le prime pagine nazionali.

Il 1° febbraio 1987, alla vigilia della partita Verona-Milan di Coppa Italia, la polizia chiude l'inchiesta su quell'episodio e scatta il blitz. Dodici elementi di spicco delle Brigate vengono arrestati. L'accusa, gravissima, è associazione a delinquere. È il primo caso del genere in Italia. La prima volta che si applica quel reato a una formazione di tifo organizzato, dichiarandola fuorilegge. Resterà, anche questo, un record nella scia nera dei butèi. Il processo si conclude nel 1991 con la condanna del direttivo delle Brigate Gialloblù. Incastrati dalle intercettazioni telefoniche, che dimostrano la pianificazione delle devastazioni e degli scontri con le tifoserie rivali e le forze dell'ordine. Game over. Nel 1991 le Brigate Gialloblù decidono di sciogliersi. «Non 12 ma 5000 colpevoli»: nello striscione appeso in curva c'è la sintesi del pensiero di un'intera comunità. In pratica la curva si riconosce in un solo corpo, e i dodici condannati, nella retorica curvaiola, diventano martiri-eroi. Il culto megalomane della teppaglia da stadio.

Taglia KKK

Non è una resa, quella delle Brigate. È, piuttosto, una scelta dettata dalla volontà di non pregiudicare – attirando sempre più la lente della magistratura sul nome del gruppo – l'intero movimento del tifo della curva sud. La riconoscibilità è l'aspetto a cui gli ultrà neonazifascisti dell'Hellas hanno sempre tenuto maggiormente. E questo tratto, dal 1991, anziché assorbirsi con l'uscita di scena delle Brigate, si accentua ancor di più. Non soltanto gli esponenti di spicco delle Brigate continueranno a tenere le fila della curva. Ma i butèi si riorganizzano. Il modello è quello del tifo inglese: via i nomi dei gruppi e dei collettivi per non rendere tracciabili i comportamenti razzisti e violenti. La curva e il tifo cambiano tutto per non cambiare niente. Una strategia finalizzata a mantenere il triste primato della violenza, dell'oltranzismo, dell'esibito credo neonazista. Prevale lo spontaneismo: solo bandiere, colori gialloblù, cori. Divenuto di fatto un blocco politicamente monocolore, e senza più riferimenti e nomi da consegnare alle indagini delle forze dell'ordine, la curva sud continua a saldare il tifo con l'estremismo e le provocazioni. Proprio nel 1991, per iniziativa di un gruppo di naziskin legati al circuito ultrà veronese, nascono i Gesta bellica di Miglioranzi e Castorina. Sono loro, insieme a Fabio Bazzerla, Gabriele Cristiano e Francesco Mancini, il nucleo d'acciaio scaligero del Veneto Fronte Skinheads.

Le redini della curva le prende un tipo che oggi – per la serie a Verona il curriculum conta! – è presidente dell'associazione culturale Verona Hellas, e che con Sboarina assessore allo Sport (giunta Tosi) inaugurò la mostra «I cimeli dell'Hellas»: Alberto Lomastro. Il suo nome ci riporta a una data: 28 aprile 1996. Indica una delle pagine più buie del tifo veronese. Il derby della vergogna, Hellas-Chievo. La firma indelebile del razzismo della tifoseria dell'Hellas che sprofonda il calcio italiano in un abisso di impresentabilità. Trentotto minuti. È il tempo durante il quale rimane a penzolare dalla curva sud un manichino nero vestito di gialloblù raffigurante il calciatore Maickel Ferrier: un difensore olandese che giocava nel Voledam con il quale l'Hellas aveva appena definito il contratto. Ma gli ultrà si oppongono per il colore della pelle. Non vogliono un nero in squadra. Sopra il manichino impiccato, uno striscione in dialetto: «*El negro i ve là regalà. Dasighe el stadio da netar!*» (il nero ve lo hanno regalato, dategli lo stadio da pulire). Altro striscione, questo in inglese: «*Negro go away*». A completare la macabra protesta, degli ultrà incappucciati in bianco. Come i membri del Ku Klux Klan. Tutti vedono tutto: calciatori, arbitro, allenatori, i dirigenti delle due squadre. Ma nessuno fa niente. Si continua a giocare come se niente fosse. Come se quel fantoccio appeso fosse sempre e solo «goliardia». Il trasferimento di Ferrier a Verona salta. Per quel manichino impiccato stile Alabama vengono arrestati Alberto Lomastro e Yari Chiavenato. Saranno assolti dopo anni, perché nessuno dirà davanti ai magistrati di aver visto qualcosa. «Un clima di omertà» sottolinearono i giudici di primo grado Isabella Cesari, Marco Zenatelli ed Enrico Sandrini, «con i gruppi di tifosi anche ultrà che godono di privilegi assolutamente ingiustificati e che hanno sicuramente facilitato la commissione del reato».

Dai cappucci del Ku Klux Klan alla caccia al «negro». Dai cori per Hitler e Rudolf Hess agli ululati razzisti rivolti a Mario Balotelli passando per le feroci discriminazioni contro i «terroni». È stata una linea praticamente ininterrotta quella dei supporter scaligeri. Sarebbe questo, secondo i butèi, l'anticonformismo, la provocazione irriverente e goliardica, il brand Verona stadio. Un terreno fertilissimo per la politica: Forza Nuova, Veneto Fronte Skinheads, CasaPound, Fortezza Europa sono i gruppi che in curva a Verona hanno sempre attinto. Un serbatoio di manovalanza, certo. Stadio e sezioni politiche come due vasi comunicanti. Ma serbatoio la curva sud lo è stata e lo è anche per i voti dei politici. Tosi e Sboarina si sono sempre vantati di andare in curva e la curva ha sempre ricambiato sostenendoli. I butèi, i supporter della «squadra fantastica fatta a forma di svastica», «allenata da Rudolf Hess». La cosa bella o meno bella – a seconda dei punti di vista – è che su questa estetica brutale ed estremista, fatta di violenza evocata ed esercitata, le alterne vicende societarie e l'andamento intermittente del club dopo il momento di massima ascesa (lo scudetto della stagione 1984-85, allenatore Osvaldo Bagnoli) non hanno mai minimamente influito. Come se squadra e tifoseria fossero, paradossalmente, due pianeti separati. Dove la tifoseria viene prima dei calciatori, dei dirigenti, della proprietà. Dove lo stadio, come le mura della città, è la linea di demarcazione di un mondo, il confine tra «noi» e «loro». «Noi» Verona, «noi» veronesi, e «loro» che sono altro da noi, vengono da fuori e sbattono contro il nostro mondo.

È il primo insegnamento trasmesso agli adolescenti che iniziano a frequentare la curva sud. Quella curva che per trenta e passa anni è stata il più consistente fenomeno di aggregazione giovanile della città, un catalizzatore dell'adrenalina, del senso di appartenenza, della dimensione comunitaria dei giovani. Un luogo dove fare branco significa anche portare al collo sciarpe con croci celtiche e aquile della RSI. Il 25 aprile 2020 la bandiera di Salò è issata in cima a un palo di fronte allo stadio Bentegodi, ennesimo affronto della curva a destra. Ne do notizia. I poliziotti intervengono a rimuoverla. Si cerca di risalire agli autori del gesto consultando le riprese delle telecamere installate in piazzale Olimpia: niente, fantasmi.

«A Verona il calcio è immerso in una dimensione particolare, c'è una dinamica che porta all'estremo il legame quasi carnale tra la tifoseria e il territorio e i suoi simboli» spiega Maurizio Marinelli, responsabile del Centro studi sicurezza pubblica della scuola della polizia di Stato, esperto di violenza negli stadi. «Gli ultrà si ergono a "guerrieri" e paladini della città, e la città – almeno quella parte che non rifiuta la loro narrazione identitaria, anche se magari per motivi di opportunità e di presentabilità evita di allinearsi alle continue provocazioni – li tollera, come minimo. O, addirittura, li porta in palmo di mano. C'è un livello osmotico, da sempre. In questo intreccio l'aspetto politico, che per certi versi potrebbe sembrare solo di corredo, in realtà fa tanto. C'è un'omogeneità, un *idem sentire* tra ultrà e una certa politica. Gli ultrà usano i politici e i politici usano gli ultrà.»

Calcio e Arena

Venti secoli e due chilometri di distanza. Il tempio della lirica e il tempio del calcio con le sue liturgie di massa. L'Arena e lo stadio Bentegodi sono i due luoghi dove Verona rappresenta e, in qualche modo, magnifica sé stessa. Con rituali, modalità e toni opposti. «I simboli costitutivi dell'immagine della città» come li definisce lo storico contemporaneo Andrea Dilemmi. «Chi intende analizzare la storia di

Verona non può fare a meno di considerare tale valore simbolico.»

Il folto bacino d'utenza; il legame indissolubile e osmotico con la città e i suoi simboli e le sue tradizioni; lo schiacciamento permanente sull'ultradestra neofascista e neonazista. Da lì, in mezzo secolo di storia, la curva sud non si è mai spostata. Né scesa né salita. Mai un passo di lato. Pensare che tutto inizia da una scala. È il simbolo di Verona. L'emblema della famiglia Della Scala, che governò la città dal 1262 al 1387. Maglia della squadra, sciarpe, bandiere, cappellini, t-shirt, felpe, adesivi, scritte sui muri: tutto ciò che ruota intorno all'Hellas porta il simbolo della scala. Era impressa anche sullo storico striscione delle Brigate Gialloblù. La scala è il centro della dimensione identitaria e comunitaria, è la trave dell'architettura del tifo impastato di follia e degrado culturale, dall'esaltazione di idee di morte all'ostilità che si fa motore vitale di un gruppo. Quando il presidente del Chievo Luca Campedelli sembra intenzionato a utilizzare la scala simbolo cittadino anche per il suo Chievo – di fatto un quartiere di Verona – i butèi lo azzannano: «Molla la Scala prima che cominci a scottarti tra le mani» (lo riporta Fabio Milazzo in *Le Brigate scaligere. Usi della storia, dinamiche identitarie e immaginario degli ultrà dell'Hellas Verona*).

La Scala è Verona, è Verona e soltanto il Verona,
da sempre e per sempre.
La Scala rappresenta il popolo gialloblù al seguito dell'Hellas,
unito attraverso il calcio,
e vivo in quel legame di forza con la propria città,
storia e consapevolezza che vale sul campo come sulla strada,

a Verona come in ogni parte del mondo.
La Scala appartiene al Verona, appartiene a Noi.
La Scala non si tocca!

*La Tifoseria scaligera. Hellas Verona 1903**

Loro odiano, odiano tutti. L'odio sembra una condizione dell'anima, un bisogno vitale. Se sei «solo contro tutti», però, qualche riferimento ce l'hai. Gli ultrà dell'Hellas, per non riconoscere la modernità, si sono rifugiati nel passato pescando nella storia: Hitler, Hess, Priebke, Mussolini. «Priebke libero» è scritto sullo striscione esposto in curva durante Verona-Triestina 2003-2004.

Tra megalomania e narcisismo tribale, un po' per provocare e un po' per alzare continuamente l'asticella, in una folle corsa al primato negativo i butèi hanno sempre scelto di parteggiare per i simboli del male. Non solo dittatori e gerarchi nazisti. Anche i protagonisti delle cronache più sanguinarie: da Ludwig a Pietro Maso – figli della Verona con la pancia piena e l'odio in circolo – passando dalla banda della Uno Bianca. Cori, scritte, invettive, iperboli, «goliardia». «Nella vecchia Montecchìa, iaiaoh / Maso copa anca so zia, iaiaoh» cantano nel 1991 gli ultrà in curva sud. Un mese prima Pietro Maso, diciannove anni, aveva massacrato a colpi di bloccasterzo e mazza di

* A marzo 2011 gli ultrà dell'Hellas distribuiscono un volantino (firmato in calce «Tifoseria Scaligera») con il quale invitano indirettamente il presidente Luca Campedelli a non utilizzare simboli e colori che, a loro dire, apparterrebbero solo alla tradizione gialloblù, ma che ormai da tempo sono entrati a far parte della storia del Chievo. La disputa è arcinota a Verona.

ferro i genitori nella villetta di famiglia a Montecchia di Corsara, insieme a tre amici, con il volto coperto da maschere del Carnevale appena finito. Dopo l'imboscata i quattro giovani simulano una rapina e se ne vanno in discoteca.

Folle sostegno anche ai serial killer della banda della Uno Bianca, capeggiata dai fratelli Savi che tra il 1987 e il 1994 firma ventiquattro omicidi e ferisce oltre cento persone. «Ultrà violenti: segni particolari "Uno Bianca"», scrivono gli ultrà dell'Hellas su uno striscione esposto sugli spalti. Al netto dell'ambiguità dello slogan, resta il fatto che a unire gli ultrà scaligeri e la maggior parte dei membri della banda – poliziotti – erano le dichiarate simpatie di estrema destra.

Don Curva

Tutto si confonde ma nulla si disperde nella curva che rielabora – rimasticandoli – i canti di chiesa e intanto celebra Hitler ed è percorsa dai deliri pagani dei neonazisti del Veneto Fronte Skinheads. Dalla curva sud arrivano storie curiose. Don Cristian Tosi, trentasei anni, è un giovane sacerdote. Da sempre tifoso gialloblù. Dopo aver prestato servizio nella parrocchia dei Santi Angeli Custodi del quartiere del Bentegodi, oggi è parroco della chiesa di San Francesco d'Assisi a Vago di Lavagno. Ha iniziato a seguire l'Hellas da ragazzino quando da Tregnago, il suo paese, prendeva il pullman per andare allo stadio. «La fede in Cristo e la fede calcistica sono cresciute insieme, dentro di me, senza mai ostacolarsi.» Capelli cortissimi, spalle larghe, ben piazzato, don Cristian ha fondato l'Hellas Club Io credo, risorgerò. Sì, come il canto intonato dagli ultrà. «È il coro giusto per questa stagione» disse nel 2016 quando l'Hellas rotolava sul fondo della classifica. «Ma ha accompagnato anche tanti momenti felici, come la promozione in serie A nel 2013.» Don Cristian a Verona lo chiamano il «prete-ultrà» perché è sempre andato in curva sud e perché ha partecipato a moltissime trasferte. Ce n'è una che, suo malgrado, non dimenticherà mai. L'8 aprile 2019 don Cristian va in Sicilia per seguire la partita Palermo-Hellas Verona e resta coinvolto in un agguato. L'aggressione avviene vicino al bed & breakfast L'officina di Apollo, a Mondello, dove il gruppo di tifosi veronesi alloggiava. Al rientro dalla partita, scortati dai carabinieri, scendono da un van e si incamminano verso l'alloggio. Dalle auto parcheggiate spunta una quindicina di ultrà palermitani. Al rifiuto dei veronesi di consegnare le sciarpe si scatena l'inferno: calci, pugni, cinghiate. Don Cristian insieme ad altri quattro tifosi riesce a mettersi in salvo entrando nel B&B, mentre altri supporter scaligeri, cercando di coprire loro le spalle, vengono feriti dalla furia degli aggressori.

Contatto don Cristian Tosi in parrocchia il 9 giugno 2021. Gli chiedo di quel coro (*Io credo, risorgerò*) intonato dagli ultrà e che dà anche il nome al club di tifosi che lui ha fondato. Gli domando se non gli ha mai creato imbarazzo. «Non andiamo più allo stadio» mi dice. «È da un anno e mezzo che non vado più...» Già, c'è stata la pandemia e gli stadi sono praticamente chiusi da un anno. «Sì, ma lo stadio era diventato incompatibile con gli impegni. Ho tante cose da fare, e poi la domenica adesso vado in montagna a fare trekking.» Ma il club c'è ancora, e gli ultrà quel coro lo cantano e lo canteranno, tra poco sacro e molto profano, e bestemmie, insulti razzisti, saluti fascisti.

«Non mi chieda di questo, non so, non ho idea, non ne voglio parlare... Le ripeto: non vado più allo stadio, vado a camminare in montagna, se vuole parliamo di trekking...» Si capisce che l'argomento genera imbarazzo. Eppure la fede calcistica di don Cristian è granitica. A prova di rosario. Nel 2016 in un'intervista all'«Arena» raccontò di quando un poliziotto lo perquisì all'ingresso dello stadio. «Erano indecisi se sequestrarmi il rosario. Discutevano se fosse da considerare un "oggetto contundente". Non capivo: scherzavano o erano seri? Alla fine ho tagliato corto: "Quella corona mi è stata donata da papa Benedetto XVI nella sua visita a Verona, e chiunque ne entri in possesso ha una sola possibilità: recitare ogni giorno il rosario". Mi hanno riconsegnato il rosario e lasciato passare.»

Simboli. Ognuno ha i suoi. Se li sceglie e li recita alla propria maniera. Luoghi di fede: anche qui, pare che le opzioni siano varie. Nel 2014 gli ultrà gialloblù si radunano nel Vallo Bastioni di via Città di Nimes. Nell'immagine catturata da un abitante che rimbalza sui social ci sono l'estetica e il simbolismo dei camerati da stadio: sedici auto sono parcheggiate sul prato a formare una svastica. La fotografia finisce dritta nel maxi fascicolo aperto dalla procura sulle frange più estremiste della curva sud. Si indaga per propaganda del nazismo e dell'odio razziale. L'area dove è spuntata la svastica fatta di macchine è di proprietà del Comune («è un'immagine che grida vendetta» disse l'allora vicesindaco Stefano Casali). L'amministrazione l'aveva messa a disposizione dell'associazione Verona Beat. Sarà stato un caso ma alla festa degli ultrà si esibivano due band note nel circuito musicale di estrema destra: Sumbu Brothers e 1903. L'anno di nascita dell'Hellas Verona. Come d'abitudine, dopo la becera provocazione nazista, scatta sempre il momento beffardo del lavacro collettivo. La catarsi terrena dell'ultrà. Il rito veronese. Quel canto preso in prestito dalla religione per irridere la morte atroce di 368 migranti inghiottiti dal mar Mediterraneo: «Io credo, risorgerò, questo mio corpo vedrà il Salvator...».

6

Lavagna nera

Dalla bomboletta spray di Cibo, al secolo Pier Paolo Spinazzè, non escono solo frutta e verdura, maccheroni, lasagne, gnocchi, würstel e altri insaccati. Dopo un pranzo quasi improvvisato nella sua casa-officina, una specie di bunker bohémien zeppo di colori, di oggetti strambi, di souvenir della sua iconografia pop, e con sistema di telecamere a circuito chiuso puntate sull'ingresso e sul vicolo, viene fuori anche della filosofia di strada. Che per un graffitaro è una specie di irrinunciabile e naturale condizione dell'anima. Il segreto di Cibo è concentrato in queste parole. «Il loro odio è l'ingrediente della mia cucina» racconta mentre manda a cottura dei paccheri sotto lo sguardo vigile della fidanzata. «L'odio è una potente energia: vale la pena sfruttarla. L'ho messa a menù in nome di quel detto: usa l'energia del tuo avversario, vale doppio.»

Trentanove anni. Originario di Vittorio Veneto ma ormai residente da anni a San Giovanni Lupatoto, 25.000 abitanti a sette chilometri da Verona. Il paese è il suo mondo piccolo perché Cibo lo vuole così, se lo è rappresentato esattamente come è, diventa un laboratorio e, dice, «fonte di ispirazione». Per cosa? Per quello che è diventato il suo marchio di fabbrica, un personalissimo copyright urbano:

ripulire Verona cancellando svastiche, croci celtiche e parole d'odio con l'allegria dei cibi. Cibi disegnati con la bomboletta, ovvero il suo spietato bazooka di pace. «Sparo colori per coprire il nero, dall'ossessione per la morte e per la violenza ricavo lampi di vita che cerco di trasmettere alla gente: chi passa vede che, al posto degli insulti e degli inni al nazismo e al fascismo, c'è gioia. È l'allegria contagiosa degli alimenti.»

Bastardi senza gloria

Cibo è un resistente a modo suo. Resiste nella tana del lupo schierando le armi potenti dell'arte. «Ho iniziato a cancellare nel 2015 qui, tra San Giovanni Lupatoto e Zevio. Poi mi sono spinto fino a Verona. Quanto lavoro offra questa terra, purtroppo, la gente non se lo immagina nemmeno.» In sei anni con le sue fantasie gastronomiche Cibo ha coperto centinaia di simboli runici, di scritte in onore di Mussolini e Hitler, i *Sieg Heil*, i dux, gli insulti ai «negri» e agli «ebrei», gli inni ai «forni». Più che uno sbianchettatore, un coloratore. Perché la sfida è ingabbiare il male, appunto, la svastica, i suoi fratelli e le sue sorelle. Farlo sparire dentro il disegno di qualcosa di commestibile e gustoso. «L'obiettivo è vivere in un'area che sia salubre e non più inquinata da questa roba immonda, indecente. Quando cancello una svastica provo come un senso di liberazione e mi diverto da matti. Ho l'impressione che a questi pazzi che girano la notte a imbrattare i muri e a sfregiare la storia e la memoria con dei simboli di morte e di atrocità scoppi il cervello, quando vedono che dalle loro orrende tracce è nato un hamburger, una banana, una pizza. È una sensazione strana da descrivere. Presente il film *Bastardi senza gloria*? Ecco, così.»

Sembra un giochino divertente. È qualcosa di più complesso. Dopo il passaggio di questo Banksy veronese il simbolo delle SS diventa una succulenta salsiccia (al collo ne porta da anni una di pezza, è la sua divisa insieme al cappello di paglia e alle camicie sgargianti, meglio se hawaiane), una runa del Terzo Reich si fonde dentro a un cannellone fumante e la croce celtica è la base di una frittata con le cipolle. Ma dietro il giochino c'è un progetto civile. Sradicare una radice che ha attecchito in una terra con zone infette, che genera mostri estetici sotto forma di croci uncinate. Il motivo per il quale il ripulitore dell'odio lavori sempre e solo su Verona, e da qui non si muova, me lo spiega lui con le immagini. Facendomi vedere strade, piazze, ponti, parapetti, scuole, vecchie stazioni ferroviarie, capannoni. Viene fuori una triste fotografia della realtà. «La provincia di Verona negli ultimi anni è diventata una specie di lavagna a cielo aperto per neofascisti e ragazzotti che si sentono fighi a imbrattare i muri con i simboli del male. Le svastiche vanno di moda, sono talmente diffuse che fanno ormai parte del paesaggio urbano. Dopo un po' è come se ti abituassi, inizi a non vederle più. La gente le considera arredo, le ha normalizzate. E questo è un pessimo segnale, una cosa inquietante. Ecco, io questo schifo mi ero stancato di vederlo. E mi sono messo a cancellarlo.»

Come un assedio

L'ufficio di Spinazzè, un autentico precursore dello smartworking, è la strada. È anche il campo dove lancia ogni giorno la sfida a «loro», quelli che gli dispensano odio e glielo scrivono a loro volta con lo spray (il loro è rigorosamente nero). È appena rientrato da Zevio. «C'era da un po' di giorni questa scritta minatoria "Cibo, dormi con la luce accesa". Ci ho disegnato sopra un bel piatto di gnocchi. Loro hanno rilanciato: "Non ti è bastato, uomo avvisato...". Guardie e ladri, dove non si capisce bene chi sia la guardia e chi il ladro. La dinamica però è quella. Per altro ci sono anche le guardie vere. Prima di rincasare per il nostro appuntamento, Spinazzè è passato dalla stazione dei carabinieri dove ha sporto l'ennesima denuncia. La più pesante, finora, ha riguardato la bomba carta che ignoti la notte del 2 novembre 2019 hanno fatto esplodere sotto la sua auto parcheggiata fuori casa. A gennaio 2018 gli hanno disegnato una svastica sulla porta. «Da allora, come ho spiegato in varie interviste, ho deciso di mettere le telecamere. Purtroppo Verona è ostaggio di queste persone. La cosa grave è che questo odio trova copertura nella politica locale. Per noi scaligeri è folclore che un consigliere faccia il saluto romano in Consiglio comunale o che un altro consigliere cancelli un murale sul femminicidio o che un sindaco sminuisca atteggiamenti razzisti di una minoranza minorata cercando di farli passare per goliardate. A Verona – lo dico da artista – le istituzioni hanno perso il valore della parola, la memoria, il rispetto, l'empatia. Noi veronesi di cuore e di cultura siamo assediati dall'odio. Ma non per questo deve passarci l'appetito, anzi! Per quanto mi riguarda continuo ad avere molta fame. A proposito: mangiamo?»

Cibo riceve nella cucina al primo piano di una casa-torretta. A piano terra c'è la «bottega» con gli attrezzi del mestiere, i lavori realizzati e quelli che gli hanno commissionato: i progetti, i manufatti; creatività a manetta perché di lavoro – a parte la passione per la trasformazione alimentare della violenza disegnata – ne ha parecchio. Tante aziende, anche dall'estero, gli chiedono di dipingere capannoni, pareti, o di realizzare campagne pubblicitarie, cataloghi, calendari a tema. Sempre a base di cibo perché «io disegno solo cibi, da sempre». Sopra c'è il soggiorno e in ultimo, su in mansarda, la zona notte.

Chiedo a Cibo perché secondo lui l'odio e la propaganda dell'estrema destra fanno così breccia a Verona e provincia. «Per una serie di fattori» mi dice. «In primis direi ignoranza e retaggio del passato. Se vieni al bar che frequento» momentaneamente chiuso per lockdown, lui ne parla come fosse un pianeta a sé stante popolato da un'umanità diciamo variegata, «e senti le barzellette che girano, capisci il livello. Il razzismo è diffuso e accettato, è stato sdoganato dalla superficialità della gente. Ormai passa il linguaggio più truce. Per dire: l'espressione "zio Adolfo" è accettata, le persone ridono, nessuno si irrita o si scompone. Il bieco si prende gli spazi nel dibattito pubblico e tracima nel razzismo e nella discriminazione.»

Cibo butta giù appunti da anni. Con la mano destra dipinge muri, con la sinistra aggiorna un diario. Tutto quello che fa, e dove lo fa, lo annota meticolosamente, orari compresi: gli serve per ricostruire la mappa dei luoghi. È una specie di geografia dell'odio che – sotto le sue mani – evapora. «Ma il giorno dopo che ho cancellato una svastica ne spuntano altre due. È come un serbatoio che non si svuota mai.» Dalle informazioni che conserva il writer risale alla mano dei gruppi o dei militanti neofascisti che marchiano i muri dei paesi, i cavalcavia delle tangenziali, l'esterno degli edifici, delle scuole, i caseggiati, i parchi. Lo studio dei simboli e di come sono vergati gli ha permesso di riconoscere al volo la mano di Forza Nuova e di Casa-Pound e delle loro emanazioni giovanili, Lotta Studentesca e Blocco Studentesco. Di distinguere la loro grafia e i loro font, per esempio, da quelli degli ultrà dell'Hellas, anche se in molti casi si tratta di vasi comunicanti. Particolare: San Giovanni Lupatoto è il paese di Raffaele Dalle Donne, uno dei cinque giovani di estrema destra che il 1° maggio 2008 massacrarono a calci e pugni Nicola Tommasoli. «Ci sono anche tanti bamboccioni che, per fare brutto, credendosi così meno sfigati, scimmiottano. In generale sai cos'è che li fa impazzire questi leoni delle scritte? Il fatto che non possono rispondere ai miei lavori. Perché io uso un'arma, il disegno, che non fa parte del loro bagaglio. E così, non potendo rispondere, sbroccano. In generale il terreno della cultura non compete ai fascisti. Se li sfidi su quella, vinci.»

Quella del graffitaro che apparecchia i muri trasformando il male in pietanze è diventata una specie di sfida aperta. I confini sono tracciati: la provincia di Verona. Croce e delizia per un artista che non è semplicemente scomodo: è proprio inviso alle amministrazioni. «Non sono ovviamente l'unico writer veronese. Ma lavori commissionati dalle amministrazioni, io, zero. Non mi chiamano a Verona, ma nemmeno in altri Comuni. In compenso mi chiamano dall'estero, e quando racconto questa realtà restano sconcertati. Non soltanto per il fenomeno in sé ma anche per il fatto che il compito di cancellare svastiche e scritte che inneggiano all'odio e alla violenza dovrebbe essere dei

Comuni: ne va del decoro urbano. Invece lo deve fare un artista. Gratis. Anche questo fa pensare, no? Evidentemente ai sindaci di questi paesi, e allo stesso sindaco di Verona, svastiche e croci celtiche, o la frase “negro di merda”, non danno fastidio. Altrimenti provvederebbero, credo. Come le vedo io e come le vedono gli altri cittadini, le scritte dovrebbero vederle anche loro.»

Cibo è in strada da quando aveva quindici anni. Quindi sono ventiquattro anni. Frequentava ancora il liceo artistico quando ha iniziato a fare i primi murales, poi ha studiato Disegno industriale del prodotto. Mai, dice, «avrei immaginato che sarei finito in giro a far sparire con la mia vernice colorata questo schifo. Ma negli ultimi dieci anni è tutto peggiorato, questo fenomeno squallido delle svastiche ha preso sempre più piede». Spinazzè è un tipo vulcanico, vorace. Mangia in fretta, e mentre mangia, tra un boccone e l'altro, è una mitragliatrice di parole. Ha il fisico di un'acciuga e un'espressione sempre sorridente che forse è una maschera. Un modo per darsi l'obbligo del buonumore anche nelle giornate meno radiose. Sembra un elastico quando si muove e gesticola. Anche quando mi mostra gli screen di alcuni dei suoi ultimi lavori. Sfogliamo il menù. Soppressa con aglio, costina di agnello, due supplì, una fragola con panna, la pearà – una salsa povera tipica della cucina veronese che accompagna il lesso –, un panino col salame. Una melanzana gigante. Una forma di parmigiano e una sfogliatella, queste ultime da due trasferte, una in Emilia e una a Napoli. Sotto questo ben di dio spiattellato sui muri dalle sue bombolette resistenti c'era la solita paranza di svastiche, la lunga scritta «ebrei ai forni» e un immancabile «Cibo verme». Su Instagram, dove ha 340.000

follower, lui posta sempre il prima e il dopo. Cosa c'era prima, e cosa è venuto dopo sul muro. «Il muro del pianto che diventa il muro del sorriso», giù una risata.

S'aggiusta la salopette di jeans. «I miei lavori possono piacere oppure no, ma di certo tolgono delle indecenze che offendono la memoria e il dolore rievocando le pagine più buie della storia.» Il punto è che i sindaci della provincia di Verona non lo capiscono, anzi. L'ultima conferma, se ancora ce n'era bisogno, arriva da Roncà. Cibo si imbatte nel solito muro imbrattato da svastiche e croci celtiche. Credendo di fare un favore all'amministrazione, si mette a disegnarci sopra i suoi cibi. Finito il lavoro (ovviamente a titolo volontario e completamente gratuito), il giorno dopo rispuntano le croci uncinate. Il sindaco Lorenzo Ruggeroni (Lega) che fa? Anziché dare una mano al writer che con la sua arte difende i valori costituzionali dell'antifascismo, dice che la soluzione migliore è ripristinare il colore originale del muro: insomma, via le svastiche e via anche il murale. Per la serie: le svastiche sono come un prosciutto; un uovo fritto è indecoroso come una croce celtica. Spinazzè è sconsolato: «A Verona i sindaci non faranno mai fronte comune contro questo odio grafico che è diventato un marchio infame per la provincia».

Va detto: è tristemente vero che a Verona chi si espone sul terreno minato dell'ultradestra e delle coperture politiche finisce quasi sempre per essere messo di lato. O, peggio, nel tritacarne. Dopodiché Spinazzè, in realtà, non è stato attaccato solamente da destra. Nel 2019, dopo un articolo di giornale che ha ripescato dei suoi vecchi post antisionisti e alcune espressioni sessiste verso le donne, è finito al centro delle polemiche. Lui si è difeso parlando di «frasi estrapolate dal contesto e dunque equivoche», di «macchina del fango azionata per cercare di screditare il mio lavoro e delegittimarmi». Ma ha anche ammesso che qualche eccesso di gioventù, tornasse indietro, lo eviterebbe. Cospargendosi il capo di cenere, ovvero togliendosi l'inseparabile cappello di paglia. «Vedere tutto questo odio mi aiuta a fare i conti con quello che ero io e quello che non sono più, mi fa capire quanta strada ho fatto e mi fa capire quanto possa migliorare.»

Prima di lasciare l'officina bunker di San Giovanni Lupatoto, qui, al centro del paese deserto per il lockdown, chiedo un'ultima cosa a Spinazzè. Come mai, a differenza di altri street artist, non si sposta dal paesello? Perché non si misura con altre realtà, allargando il raggio d'azione e sottraendosi a tante scocciature? Insomma: chi e cosa lo trattiene qui, dove c'è materiale ma dove stanno anche iene e leoni pronti ad avventarsi sui suoi cibi? La risposta che mi dà riconduce al cuore del mio viaggio. «Perché questa provincia è il fulcro del fenomeno che contrasto con la mia arte. Non mi muovo da qua, sarebbe come abbandonare il campo. Non scappo, anche se mi minacciano. Rispondo col sorriso e i colori, uso il loro odio come energia. E ricordo sempre che io lavoro di giorno, faccio tutto alla luce del sole. Non ho problemi a farmi vedere, anzi, spero sempre che altri ragazzi si rimbocchino le maniche e si mettano a darmi una mano. Loro, quelli che mi danno del verme e vengono influenzati dai politici che fanno i saluti romani nelle aule istituzionali, escono di notte, come i topi. E li capisco. Per disegnare una svastica su un muro del tuo paese devi provare davvero tanta vergogna.»

7

All'estrema destra del Padre

Forse era già tutto scritto qui. «Abbondare in cerimonie religiose dando a esse carattere ufficiale [...]. Fare in ogni occasione, in discorsi, in scritti, in trasmissioni radiofoniche, richiamo alla cristianità, a massime di santi e dottori della Chiesa, a encicliche, il tutto con naturalezza e serenità, sicché l'elemento religioso appaia strettamente legato alla nostra azione.» Così ordinò Alessandro Pavolini, segretario del Partito fascista repubblicano e comandante delle Brigate nere, il corpo ausiliario volontario delle Forze armate della Repubblica sociale italiana, basata sul manifesto di Verona. Benvenuti a Verona settantotto anni dopo. La città laboratorio dove, come da nessun'altra parte in Italia – o comunque mai in maniera così visibile e strutturata –, tradizionalismo cattolico, destra radicale e leghismo hanno costituito una specie di fronte identitario-reazionario pressoché uniforme e allineato. Una creatura a tre teste. Che si presenta nella forma di un cartello dove trovano sintesi le tradizioni fasciste del «Dio, patria, famiglia» e del «sangue e suolo», e l'ossessione – tipica dell'oscurantismo religioso e del clericalismo integralista – della difesa della famiglia tradizionale, della lotta contro l'aborto e dell'avversione nei confronti della società aperta: dagli omosessuali agli immigrati. Una dimensione retrograda all'interno della quale si riconoscono e si specchiano due mondi che a Verona dialogano a partire dagli anni Cinquanta: e continuano a farlo. Nell'officina identitaria della «Verona fidelis», ultradestra e cattolici tradizionalisti intrecciano rapporti, collaborazioni, si scambiano inviti; uniscono le forze per contrastare i «nemici», tutti i portatori di una «diversità» che mina le radici di quella «veronesità» sbandierata come insostituibile vessillo negli ambienti che si ergono a guardiani della tradizione.

Il rito veronese

È il 6 ottobre 2019. In piazza delle Erbe si commemora con una cerimonia l'anniversario della battaglia di Lepanto. Sul pennone centrale della piazza viene issata la bandiera contarina. Che cos'è? È il vessillo di San Marco utilizzato dal doge Domenico II Contarini dal 1659 al 1675 nella guerra di Candia contro i turchi. Immaginate la classica bandiera del leone di San Marco. Ma ornata da immagini sacre, santi e, per dirla con lo storico Renzo Vendrasco, «prigionieri maomettani in ginocchio e vinti, legati e aggiogati allo stemma Contarini». «Viva San Marco», «Verona Fidelis» scandisce la gente in piazza. Ci sono i rappresentanti di alcuni dei gruppi ultracattolici e tradizionalisti più in vista: il Comitato per la celebrazione delle Pasque veronesi, il Comitato Veneto Indipendente e il Sindacato libero di Verona. Fanno parte di una nutrita e composita galassia di sigle attive nella provincia scaligera che da quasi tre decenni – rielaborando la storia in chiave propagandistica –

lavorano a consolidare una memoria cattolico-reazionaria riconosciuta dalle istituzioni locali. Che infatti contribuiscono con patrocini e finanziamenti. La cerimonia del 6 ottobre 2019 è finanziata dalla Regione Veneto e dall'amministrazione Sboarina attraverso le due società partecipate del Comune: AMIA (servizio rifiuti) e AGSM (fornitura del gas). Un classico di palazzo Barbieri a partire dagli anni Novanta, quando la giunta della forzista Michela Sironi Mariotti iniziò ad aprire i rubinetti per le celebrazioni delle Pasque veronesi. Poi venne l'era Tosi. Che questa saldatura con gli integralisti cattolici portò all'ennesima potenza.

In principio fu il comitato «Anti '89». Nasce nel 1988 per coordinare le controcelebrazioni della Rivoluzione francese. Che c'entra Verona? C'entra. Per via della rivolta popolare antigiacobina che ha segnato la sua storia. È un lunedì dell'Angelo: 17 aprile 1797. I veronesi insorgono contro l'esercito francese guidato da un certo Napoleone Bonaparte che aveva esteso i moti rivoluzionari del «liberté, égalité, fraternité» anche nel Nord Italia e che da quasi un anno occupava la città scaligera. Al grido di «Viva San Marco!» le milizie veronesi e vicentine insorgono affiancate dai reparti austriaci. Ma il 25 aprile, proprio il giorno di San Marco, Verona capitola, accerchiata da 15.000 soldati francesi. I capi della rivolta vengono fucilati; 2600 veneti sono deportati in Francia e in città si consumarono vendette e ruberie: una repressione pesantissima. Gli Anti '89 nascono dunque per celebrare le Pasque, ovvero la resistenza della città all'assedio «giacobino». Ma l'insorgenza di Verona contro Napoleone diventerà presto uno straordinario pretesto politico. Un grimaldello usato dagli ambienti ultracattolici e dalla destra fascioleghista per costruire un'immagine prima solo identitaria e poi reazionaria e oscurantista di una parte di città. Un'operazione che ha tratto linfa vitale negli ultimi quindici anni: a partire dal 2007. «Il 25 aprile 1797 è stato il nostro 25 aprile. Non è stata una festa di liberazione. È stata una data tragica.» È il leitmotiv degli intransigenti tradizionalisti veronesi. La coincidente sovrapposizione delle due date è al centro della retorica delle Pasque veronesi: il 25 aprile festa della Liberazione dal nazifascismo, e il 25 aprile della sconfitta di Verona per mano dei francesi. Ma andiamo con ordine. Cerchiamo di capire dove e come nasce questa modalità scaligera di un fatto storico piegato a fini politici e «conservativi».

Sono due le date chiave di questo processo. La prima è il 23 febbraio 1993. Il comitato Anti '89 lascia una prima forte traccia: in città si svolge una manifestazione pubblica con «messa cantata in latino in rito romano antico per il riposo dell'anima del Re Cristianissimo». I tre animatori della singolare iniziativa sono l'imprenditore del pandoro Virgilio Trucco, detto «Mister Melegatti», Maurizio Ruggiero e Nicola Cavedini. Ruggiero (segretario) e Cavedini (presidente) sono ancora oggi ai vertici del Comitato per le celebrazioni delle Pasque veronesi. Il comitato nasce nel 1997 come naturale evoluzione degli «Anti '89». È l'anno del bicentenario delle Pasque (1797-1997). Gli integralisti veronesi decidono di essere plateali: un corteo si snoda da piazza Pasque veronesi, di fronte al medievale Castelvecchio che simboleggia la grandezza della dinastia degli Scaligeri, fino a piazza dei Signori. Eccola la seconda data chiave. Il secondo incipit della storia. La fase due. La composizione del serpentone umano fa capire che cosa era già diventata la torsione di un evento storico «usato» strumentalmente per costruire una memoria collettiva e condivisa: l'ufficialità civile ed ecclesiastica è rappresentata dagli stendardi della città di Verona, dalle tuniche degli esponenti del clero tradizionalista, dalla solennità un po' pacchiana di una messa in scena più folcloristica che spirituale; dietro – dietro ai personaggi vestiti con le divise d'epoca della Guardia nobile veronese –, ecco i vertici della politica leghista dell'epoca: il segretario cittadino e futuro sindaco Flavio Tosi e il segretario regionale della Liga Veneta Repubblica Fabrizio Comencini. Con loro, i naziskin del Veneto Fronte Skinheads. E un nome ingombrante impresso nelle pagine dei misteri italiani: l'ex colonnello dell'esercito Amos Spiazzi. Inquisito per avere costituito l'organizzazione clandestina Rosa dei Venti – il nome vero era Organizzazione di Sicurezza, formata da insospettabili e da legionari dormienti, la maggior parte dell'estrema destra extraparlamentare, addestrati a fronteggiare pericoli esterni e interni e a difendere il territorio nazionale –, Spiazzi è stato coinvolto in numerose vicende giudiziarie durante gli anni Settanta e Ottanta riguardo ad attività eversive, in particolare nel golpe Borghese. Condannato e poi prosciolto, è morto a Verona nel 2012.

Tradizione-distinzione

Fascisti. Preti. Naziskin. Leghisti. Golpisti che hanno tramato contro lo Stato. Tutti insieme appassionatamente sul carro della rievocazione storico-identitaria antifrancese. Una «veronesata», si potrebbe dire. Ma provare ad alleggerire o a dissacrare l'evento da queste parti suona come una punizione divina. Così pensate e «rieditate», le Pasque si portano in pancia non solo il bisogno di revisionismo storico ma anche pulsioni tipicamente populiste. Negli anni la ritualità della tradizione ha talmente preso piede che a Verona il riconoscimento istituzionale delle sigle tradizionaliste si è ormai compiuto definitivamente. Loro, gli ultracattolici, si servono della politica. E la politica si serve di loro. È un rapporto quasi osmotico, di reciprocità, di mutua convenienza. Alla base c'è una visione reazionaria comune nella quale sembra di ritrovare e riascoltare il monito del repubblichino Alessandro Pavolini: «Abbondare in cerimonie religiose dando a esse un carattere ufficiale» affinché «l'elemento religioso appaia strettamente legato all'azione». Gli stilemi a cui si fa riferimento sono quelli della «veronesità» più profonda e viscerale: la Scala, l'aquila dello stemma imperiale asburgico (dal 1815 al 1866 Verona subì il dominio dell'Impero austriaco, poi il Veneto fu annesso al Regno d'Italia), il leone di San Marco nella versione del doge Domenico II Contarini, i colori gialloblù. Gli stessi simboli adottati dagli ultrà nell'agorà pagana del tifo calcistico rappresentato dallo stadio Bentegodi.

Ma chi sono i tribuni del cattolicesimo integralista? Come si muovono?

Collegato al capofila Comitato delle Pasque ci sono il Circolo culturale triveneto Christus Rex (presieduto da Matteo Castagna e vicino agli estremisti di destra di Fortezza Europa); Sacrum Imperium (coordinamento monarchico, cattolico tradizionalista e antimoderno), Comitato Principe Eugenio «per la salvaguardia della cattolicità italiana e contro l'islamizzazione e l'espianto dei popoli»;

Famiglia e Civiltà (per la «difesa della famiglia e della civiltà cristiana»); l'associazione Una Voce che vuole salvaguardare la liturgia latino-gregoriana; Padania Cristiana di cui è presidente l'ex europarlamentare della Lega di estrema destra Mario Borghezio e portavoce l'ex capo ultrà dell'Hellas Alberto Lomastro passato da Forza Nuova alla Lega.

Le redini di questo mondo di mezzo tra oscurantismo e revisionismo sono ancora saldamente nelle mani dell'uomo che per primo si diede da fare per cercare (ottenendole) sponde istituzionali: Maurizio Ruggiero. Classe 1957, studi classici e poi di diritto all'Università di Padova e di Bologna; un cattolico fervente che da metà anni Ottanta si erge a custode della tradizione religiosa nel corpo della società civile e nelle pieghe del territorio. Si legge nel suo curriculum: «Dal 1986 ha costituito e presieduto diverse associazioni cattoliche legate alla Tradizione e aventi finalità religiose, culturali e di ricerca storica. Nel 1986 ha fondato e presieduto in Verona l'associazione Legio Mariae. Nel 1988 in Firenze, assieme a colleghi, magistrati e accademici di diverse università (Milano, Genova, Cassino, Firenze, Perugia ecc.) ha partecipato alla fondazione ed è stato tra i dirigenti del Coordinamento Anti-89 Italia, sul modello di un'analoga associazione francese, per coordinare le contro-celebrazioni della rivoluzione francese». Contrario allo Stato nazionale e filo-Putin, «dal 1990 ad oggi è stato partecipe della costituzione di numerose altre aggregazioni culturali (Gruppi di Famiglie Cattoliche, Famiglia e Civiltà, Comitato Principe Eugenio, Comitato per il no alla droga, Sindacato Libero, Comitati Antirisorgimentali, Comitato Veneto Indipendente e per la ricostruzione storica, Associazione Veneto-Russia ecc.) volte a difendere a seconda dei casi i monumenti d'arte, la musica dalla barbarie rockettara, a contrastare il dilagante progressismo ecclesiale, a difendere la famiglia, la tradizione, la morale naturale e la civiltà cristiana, ad affrontare il problema immigrazione e Islam denunziando l'ideologia immigrazionista e gli stereotipi di certo buonismo solidarista, a riproporre gli antichi Stati preunitari quale obiettivo ideale e politico dell'Italia e a riallacciare i rapporti con la Russia post-sovietica, nella prospettiva di conversione di quella immensa Nazione».

C'è tutto o quasi il pantheon del sovranismo: sangue, suolo, famiglia, patria; l'auspicato ritorno alle comunità delle origini, alla società chiusa, refrattaria alle novità, all'integrazione e alla modernità. Un cristianesimo dei confini che mira a tenere al riparo, dentro le «mura», quella veronesità timorata di Dio che grida alla teoria del gender e, nella sua intransigenza, vede nell'omosessualità una minaccia per la civiltà.

Per i cronisti di bianca a Verona Maurizio Ruggiero è una vecchia conoscenza: dove c'è traccia di tradizionalismo cattolico appare lui. L'ultima uscita pubblica risale al 31 ottobre 2020, in piene restrizioni anti-Covid. Sulla facciata dell'ex liceo Messedaglia viene inaugurata la lapide dedicata ai «martiri delle Pasque veronesi». Oltre a Ruggiero ci sono il presidente della Provincia Manuel Scalzotto, gli assessori comunali Filippo Rando e Nicolò Zavarise, i deputati Vito Comencini e Paolo Paternoster e il consigliere regionale Enrico Corsi: tutti della Lega. Eppure dalla prima Lega a un certo punto Ruggiero fu allontanato. Era il 2008, raccontano che all'epoca scrivesse i discorsi a Tosi. Sta di fatto che aveva un pass per entrare in Comune dove la

Lega gli aveva messo a disposizione un ufficio. Un giorno il tradizionalista Ruggiero piomba in una conferenza stampa e offende dei giornalisti.

L'entourage di Tosi lo caccia dal Comune, e addio badge. È passato qualche anno: con Sboarina, l'ex reprobo è tornato in discreta auge. La lapide per i «martiri», dunque.

«Dopo 223 anni viene resa giustizia ai condannati a morte delle Pasque veronesi, la grande insorgenza antinapoleonica che infiammò Verona tra il 17 e il 25 aprile 1797» dichiara l'assessore Zavarise. «Un risultato importante per l'identità e la tradizione veronese, nei confronti di un passaggio storico che troppo spesso viene trascurato.» L'opposizione in Comune parla dell'ennesimo «spreco». Si fa notare che a margine della cerimonia d'inaugurazione della lapide i tradizionalisti di Ruggiero hanno promosso la vendita della bandiera contarina che era stata innalzata nel 2019 in piazza Bra e che era stata realizzata con i soldi di AGSM e delle partecipate veronesi. Ma così come succedeva con l'amministrazione Tosi, anche con il fratello d'Italia Sboarina le associazioni integraliste cattoliche hanno partita facile. Si muovono liberamente all'ombra del potere politico, ne condividono le scelte, le sostengono. Anche qui a Verona la strada era tracciata da tempo.

Preconciliare

«Sì, tutto inizia con le Pasque veronesi. Lo definirei un fenomeno endogeno» mi dice Maurizio Ruggiero. «Qui il terreno è fertile dalle origini: noi veronesi abbiamo sempre avuto un grande attaccamento e interesse per le nostre tradizioni, la storia della città, i costumi. Abbiamo un tessuto fortemente legato al passato. Siamo partiti a fine anni Ottanta con la ricerca storico-documentale facendo incetta di tutti i documenti e il materiale possibile sull'Insurrezione contro i francesi. Poi, dopo la celebrazione per il bicentenario, l'interesse e l'impatto sulla città delle manifestazioni per le Pasque ci hanno convinto ad andare avanti, a strutturarci sempre di più e a rendere istituzionale questa tradizione.»

È una calda mattina di metà giugno. L'intervista dura quasi un'ora: Ruggiero è un fiume in piena. Ti inonda di date, nomi, luoghi, riti pre e post conciliari; elenca siti museali, chiese, si addentra nei materiali delle divise storiche e sugli aspetti tecnici, lo schioppo delle armi di un tempo, l'iconografia. Parafrasando Joseph de Maistre mi spiega che per lui la Rivoluzione francese è stata «un'esplosione satanica senza precedenti nella storia». Che Verona è stata protagonista della più grande insurrezione contro Napoleone che ci sia stata in Italia. Che lui non ha mai festeggiato il 25 aprile della Liberazione dal nazifascismo ma piuttosto il 25 aprile di San Marco che «coincide drammaticamente con la capitolazione e il massacro ad opera dei francesi». Che non si riconosce nel sistema democratico ma «nella società di Ancien Régime». Mi domando come si possa vedere e interpretare il mondo e la realtà, nel 2021, ragionando – non astrattamente – sulla base di fatti che risalgono a duecentoventiquattro anni fa. «Siamo insorti contro il più grande esercito del mondo. È stato un evento troppo importante per non celebrarlo. Infatti oggi tutti i veneti parlano delle Pasque veronesi. È come un "mito" intorno al quale una comunità si raccoglie. Per me questa celebrazione è permanente, noi siamo qui ogni giorno, non soltanto nelle giornate delle celebrazioni delle Pasque» tira dritto Ruggiero.

In origine era un gruppo di ultracattolici. Passavano le giornate negli archivi storici e nei musei. Poi «abbiamo capito che era il caso e il momento di fare entrare il "mito" nella coscienza collettiva. Di aprirci alla città» spiega Ruggiero. Come? «Rendendo plateale, teatrale, scenografica la celebrazione di questo evento che ha segnato la storia di Verona.» Dopo i polverosi convegni sono iniziati i più attrattivi cortei storici per le strade e le piazze: le divise, gli spari delle vecchie armi, le bandiere. Ai tempi della prima Lega venetista la politica ha fiutato che, nella costruzione dell'immaginario scaligero, le Pasque messe in scena dalle associazioni cattoliche tradizionaliste potevano essere un volano. Da lì in poi è stato un crescendo che si è tirato dentro mondi solo apparentemente distanti, ma in realtà collegati e organici. «Chiunque abbia a cuore una visione tradizionale per noi è bene accetto» dice Ruggiero.

Littorio

Chi ancora si meraviglia del fatto che il capoluogo scaligero si distingua per il gioco di sponde tra destra radicale, leghismo nazionalista e cattolicesimo filo-oscurantista, dovrebbe tenersi a mente una data. 14 luglio 1995. Il Consiglio comunale di Verona (giunta Sironi) approva con larga maggioranza tre mozioni omofobe. La n. 336 impegnava l'amministrazione a non parificare i diritti fra coppie omosessuali e coppie eterosessuali. Di fatto respingeva, dichiarandola immorale, la risoluzione con cui il parlamento europeo aveva stabilito pari opportunità per gli omosessuali. All'epoca c'era una giunta Forza Italia-AN-Lega. Chi facesse da traino sulle politiche dei diritti e delle uguaglianze era fin troppo chiaro. Risultato: Verona è stato il primo Comune in Europa a escludere le unioni gay dalle politiche sociali. Un triste primato. Che già a metà anni Novanta fa capire quanto e con quali risultati gli ambienti reazionari della città riescano a pesare sulle scelte di palazzo Barbieri. L'exploit comunale del tradizionalismo scaligero (sette militanti LGBT+ occuparono per protesta per pochi minuti una strada adiacente il municipio e vennero denunciati per manifestazione non autorizzata e interruzione di pubblico servizio; nacque così il Comitato Alziamo la Testa) arrivò dieci anni esatti dopo le prime campagne contro gli omosessuali. Perché è dal 1985 circa che a Verona iniziano ad affacciarsi, prima in modo velato, poi più esplicito, insofferenze contro la comunità omosessuale.

Era il tempo in cui stava nascendo il Veneto Fronte Skinheads, i neonazisti sanguinari di Ludwig finivano nelle mani della giustizia e il monocolore democristiano che per quarant'anni aveva governato Verona iniziava a essere intaccato dalle prime scorie di identitarismo, che poi sarebbero evolute nel populismo leghista e nell'intreccio con la peggiore destra razzista, nostalgica e squadrista. Gli embrioni del tradizionalismo scaligero erano allora aggregati intorno alla figura del leghista Palmiro Zoccatelli: uno che la crociata contro il mondo LGBT+ l'ha portata avanti quasi a tempo pieno per vent'anni. Fino a quando, un po' stanco delle battaglie politiche, da imprenditore leghista ha preferito concentrarsi sugli affari. Esponente dell'associazione Veneto-Russia e tra i componenti della onlus Famiglia e Civiltà, Zoccatelli ha investito nella Russia putiniana. Ma per tutti gli anni Novanta e in sostanza fino a quando Tosi – di cui è stato consulente – era alla guida di Verona, «Zocca», come lo chiamano gli amici di Christus Rex di cui fa parte il suo collega di partito e deputato Vito Comencini, era una mitragliatrice. Nel 1997 il circolo Pink (gruppo LGBT veronese) lo cita in tribunale per gravi offese alla dignità omosessuale, vincendo la causa passata in giudicato. Ma Palmiro non arretra. Nel 2014 partecipa come sempre alle celebrazioni delle Pasque coi soliti figuranti in divisa: da piazza delle Erbe a piazza Bra ci sono l'immancabile Ruggiero, il codazzo di aderenti a Christus Rex e don Floriano Abrahamowicz. Il «prete nero», come lo chiamano i camerati veneti. Ma anche «don Littorio» o «don Benito».

Austriaco, sessant'anni, già capo (scomunicato) della Chiesa lefebvriana di Treviso, don Floriano è presenza assidua da anni agli eventi di Forza Nuova e di altri gruppi di estrema destra, oltre che della Lega (nel 2007 Bossi accettò il suo invito per la celebrazione della messa tridentina e riconobbe affinità tra leghisti e lefebvriani). Abrahamowicz in passato ha messo in dubbio l'esistenza delle camere a gas nei campi di sterminio nazisti (anche se fossero esistite sarebbero servite a «disinfettare») e i numeri del genocidio ebraico, un classico del repertorio negazionista. Nel 2001 durante una cerimonia in onore dei morti della RSI li definì «vittime innocenti in quanto i loro assassini non facevano parte di un esercito legittimo», e sempre riferendosi ai partigiani li bollò come «poveri ignoranti, che combattevano per quella che Pio XI chiamava la setta perversa del comunismo». Il 5 febbraio 2009 la sezione italiana della

Fraternità di San Pio X lo espelle per «serie motivazioni disciplinari» ma il sacerdote torna a fare parlare di sé quando, a ottobre 2013, celebra in una cappella privata una messa in suffragio del gerarca nazista Erich Priebke. Succede a Resana, nel Trevigiano. Alla funzione partecipa anche il sindaco del paese, Loris Mazzorato. «L'insorgenza a difesa della verità dovrebbe animare ogni buon cattolico, di fronte alla grande apostasia dei tempi moderni» chiosò don Abrahamowicz. Ecco: sono anche questi i preti che negli anni hanno partecipato alla celebrazione delle Pasque veronesi. «Floriano ha celebrato due messe per noi» ricorda Maurizio Ruggiero, «adesso è da tempo che non lo vedo. Stiamo cercando preti nuovi per le celebrazioni delle Pasque, ma più che in Italia guardiamo all'estero. Meglio.»

Fidelis

È folta la schiera dei tradizionalisti veronesi. È fatta di ecclesiastici e di civili, leader politici e militanti. Nel 2016 i soliti Zoccatelli, Ruggiero e compagnia fervente partecipano a un contestatissimo incontro in città con l'ultra-integralista Toni Brandi affiancato dal nazionalista russo Alexey Komov («nessun riconoscimento di dignità ai gay»). Oltre a Flavio Tosi e all'ex presidente della provincia Miozzi, c'è anche il vescovo di Verona Giuseppe Zenti, di fatto colui che imprime alla curia veronese una svolta più politica rispetto a quanto fosse in precedenza. La sua presenza in occasione di eventi e incontri a favore della famiglia tradizionale è assidua, inversamente proporzionale al silenzio di fronte a episodi di discriminazione e violenza nei confronti di immigrati e omosessuali o del linguaggio d'odio troppo spesso utilizzato dalla destra scaligera. Di monsignor Zenti fece scalpore nel 2015 l'endorsement pubblico per la Lega di Matteo Salvini. Ma chi si stupì forse non ricordava di un precedente di sette anni prima. Sul tavolo c'erano, di nuovo, le celebrazioni delle Pasque, finanziate dal Comune con 15.000 euro. Per quanto riguarda il rito, però, la palla era in mano a Zenti, che autorizzò la celebrazione della messa commemorativa non più nella solita chiesetta di Santa Toscana a Veronetta ma nella centralissima e rappresentativa basilica di Sant'Anastasia. Quando e come? Alle 11 di mattina e con liturgia latina preconciliare. In ottimi rapporti con l'ex ministro veronese per la Famiglia Lorenzo Fontana – che manifestava coi fascisti di Forza Nuova contro gli omosessuali – il vescovo a marzo 2019 benedice il Congresso mondiale delle famiglie. Ospiti: Salvini e Fontana. Cinquina e tombola.

«Li conosco tutti da quando erano consiglieri circoscrizionali» ricorda Ruggiero, che pur non essendo iscritto a nessun partito non nasconde di avere «maggiori affinità» con «leghisti e venetisti». «Fontana, Comencini, lo stesso Tosi. Sboarina? Lo conosco, certo. L'ho incontrato diverse volte. Lui viene da una storia diversa, meno territoriale, meno indipendentista. Ma ci tiene alle tradizioni. Anche lui ha compreso quanto noi veronesi siamo attaccati alle nostre celebrazioni, al loro significato e alla loro capacità di aggregare intorno ai nostri simboli.»

È la «Verona fidelis». Cresciuta a pane, messe e a colpi di propaganda escludente. La Verona delle Pasque e della «Resistenza dimenticata». La Verona che si incontra a San Zeno e in Santa Toscana a Veronetta, quartiere multietnico e antirazzista dove non a caso l'estrema destra in questi anni ha aperto sedi: CasaPound nel «Mastino» di via Mazza 61 (a marzo 2021 la Digos ha sequestrato caschi e bastoni e denunciato undici militanti per un'aggressione ai danni di un gruppo di ragazzi di sinistra); Forza Nuova ha lasciato nei mesi scorsi dopo due anni e mezzo. È la Verona delle messe «riparatorie» in latino dopo le manifestazioni delle associazioni per i diritti LGBT+, dei seguaci delle liturgie coreografiche e dalle venature lefebvriane del cattolicesimo integralista preconciliare. La Verona del Bacanal del Gnoco – il carnevale cittadino – dove il sindaco Sboarina posa fiero accanto alla neofascisteria cittadina legata alla curva dell'Hellas. La Verona di Ruggiero e di Nicola Cavedini. Un contenitore variegato dove trovano posto anime e storie diverse. C'è chi viene (solo) dal mondo cattolico, chi dall'indipendentismo e chi dall'estrema destra nostalgica. Tutto si tiene visto che delle Pasque e del loro significato, per «veri veronesi», si è molto scritto su una rivista di estrema destra che a Verona ricorda i tempi della RSI. Si chiamava «Carattere». La dirigeva uno degli esponenti più noti del Comitato diretto da Cavedini e Ruggiero: Giovanni Perez, già responsabile veronese dell'MSI, evoliano, figlio di una di quelle famiglie della nobiltà nera veronese i cui discendenti ancora oggi tengono il punto. I collaboratori della rivista gravitavano intorno ad ambienti dell'eversione nera: alcuni frequentavano la libreria padovana Ezzelino di Franco Freda. È un altro anello che si lega alla catena.

«Abbiamo anche amici di estrema destra» ragiona Ruggiero. «Prima venivano quelli del VFS: erano i tempi in cui Papalia perseguitava loro, la Lega, persino noi ultracattolici. Poi è arrivata Forza Nuova e Fortezza Europa. Nessun imbarazzo, per quanto ci riguarda. Sono amici. Ma bisognerebbe capire bene quello che vogliono i neofascisti o i neonazisti.» In che senso? «Loro dicono di non riconoscersi nel sistema democratico. Io nemmeno. Ma ci sono delle differenze. Noi siamo per lo Stato tradizionale cattolico. Se loro dicono di essere per i regimi totalitari del Novecento, ricordo che quei regimi sempre a Napoleone si ispiravano. Per dire: quando Hitler trionfa sulla Francia va in visita sulla tomba di Bonaparte. Dopodiché noi non abbiamo preconcetti. Abbiamo la nostra linea e la portiamo avanti. Chi vuole ci segue.» Già.

Nell'anno 2021 questo mondo ultracattolico e reazionario ha solo cambiato qualche nome: oggi ci sono gli Zelger, i Comencini (Vito), gli Ostellari, i Pillon, i Bacciga. C'è un sindaco sovranista che si prepara a correre per la riconferma e per questo è salito sul carro del partito dato in maggiore ascesa nella destra italiana (FDI). Alcuni dei capi delle teste rasate che seguivano le Guardie veronesi nei cortei per ricordare i «martiri» del 25 aprile 1797 hanno fatto carriera; altri sono rimasti fermi un giro; altri ancora stanno nel cerchio nero di chi amministra la città e aspettano un'occasione per riciclarsi e magari ripulirsi. Nel 2005, alla stregua dei deliri degli ultrà neonazisti dell'Hellas che si vestivano da Cristi, le strade del centro furono attraversate da un'altra «Via Crucis» decisamente sui generis.

Commedia o tragedia? Bacanal del Gnoco o Romeo e Giulietta? All'ombra dello straordinario inganno del balcone più famoso nel mondo forse nemmeno Shakespeare saprebbe decidere. Forse nemmeno Dante. Nel *Paradiso* chiama Verona – dove si rifugia in esilio – «il primo tuo refugio e 'l primo ostello». Ma mi raccomando: non si accettano rom, stranieri, gay, lesbiche, mendicanti e prostitute.

Dio, patria, famiglia e feti di plastica

29 marzo 2019. Il sole picchia duro sui gradoni della Gran Guardia. È l'imponente palazzo che chiude il lato sud di piazza Bra, nel cuore del centro storico di Verona. Costruito a partire dal XVII secolo come luogo di rassegna delle truppe da parte del doge, oggi ospita mostre, musei e convegni. Grazie alla sua mole e alla sua struttura la Gran Guardia si confronta con l'Arena, che sorge proprio di fronte. La tre giorni del 29-30-31 marzo è pompata da tempo sui media, tra annunci roboanti e polemiche. Fa tappa a Verona il World Congress of Families (WCF). Tredicesima edizione. La prima volta in Italia. La scelta della città scaligera per ospitare un convegno dove i relatori vanno all'attacco della legge 194 e paragonano l'aborto a un omicidio non è casuale: il primo link porta il nome del leghista Lorenzo Fontana, veronese, allora potente ministro per la Famiglia.

Nel mondo del tradizionalismo omofobo e antifemminista Fontana è un punto di riferimento. Legato a doppio filo alla giunta Sboarina – essendo stato anche vicesindaco –, il suo nome fa da raccordo tra le associazioni pro vita e ultracattoliche, il mondo della destra radicale e la Lega altolocata. Delle iniziative di Fortezza Europa, che lo vedono ospite, diremo dopo. Indelebile è anche la fotografia che, nel 2015, ritrae Fontana in piazza a Verona per il Family Pride: un evento antigay organizzato da Forza Nuova e dal circolo Christus Rex. In quell'occasione Fontana – da sempre su posizioni integraliste – manifestò contro le famiglie omosessuali al fianco dei neofascisti Luca Castellini e Yari Chiavenato.

Tre anni dopo Fontana – febbraio 2018 – è ospite al primo «Festival per la Vita» organizzato sempre a Verona da Pro Vita Onlus. Nel suo intervento non fa giri di parole: «I valori da difendere sono quelli della Chiesa cattolica», perché altrimenti aumenterà l'«islamizzazione». Auspica un ritorno a «un'Europa cristiana» in cui non vi sia libertà religiosa e laicità. Ammiratore di Putin e di Orbán, per Fontana la famiglia è solo quella eterosessuale. Contrarissimo al diritto delle donne di interrompere una gravidanza. Sono le stesse battaglie portate avanti dall'estrema destra, nell'officina veneta e non solo qui. Il 28 febbraio 2018, da vicesindaco, l'esponente leghista accoglie a Verona l'arrivo del «Bus della Libertà», già ribattezzato il «pullman omotransfobico». È un'iniziativa itinerante ideata da Filippo Savarese che porta in giro nelle piazze italiane un tour «a difesa della libertà educativa» e «contro i programmi gender nelle scuole». «Confondono l'identità sessuale dei bambini» attacca Fontana. Su Facebook, parafrasando la propaganda integralista di Gianfranco Amato, fa ancora di meglio: «La prima e fondamentale educazione è un diritto delle famiglie e non spetta né allo Stato né alle scuole né ai mass media. Come disse Chesterton: "Verrà un tempo in cui le spade saranno sguainate per dimostrare che le foglie sono verdi in estate". Chi difende la normalità oggi è un eroe». Ecco il primo sponsor del Congresso delle famiglie a Verona. Il «garante» tra Roma, la città e l'Europa (Fontana è stato a lungo europarlamentare).

L'altra connessione che fa cadere la scelta dell'evento sulla città è il filo diretto tra gli organizzatori – Antonio Brandi e Massimo Gandolfini – e uno dei consiglieri comunali mediaticamente più noti della giunta Sboarina. L'implacabile Alberto Zelger. Di lui si è molto parlato perché è stato uno dei politici citati da Fedez nel celebre monologo in diretta tv durante il concertone del primo maggio 2021. Per questa dimenticabilissima frase: «I gay sono una sciagura per la riproduzione e la conservazione della specie». Zelger la pronunciò il 5 ottobre 2018 ospite della trasmissione radiofonica *La Zanzara* su Radio24, dove aggiunse: «Lei provi a mettere in una città una popolazione di omosessuali: dopo cent'anni è estinta». Una crociata omofoba, quella di Zelger. Che già nel 2018 gli valse gli onori delle cronache nazionali per via della mozione pro vita (o meglio antiaborto) contestata dalle attiviste di Non una di meno. Durante la tre giorni alla Gran Guardia Zelger è di casa: gira per le sale, stringe mani, si fa intervistare, accoglie ospiti. Parla con i suoi ministri, Matteo Salvini (Interni) e Lorenzo Fontana (Famiglia, di fatto il capo della Lega veronese). Con lui c'è il collega deputato Vito Comencini (insulti a Mattarella) che a Verona è legato all'associazione di integralisti cattolici Christus Rex. È stato proprio Comencini a intervenire in difesa di Zelger sul caso Fedez. I due rappresentano su Verona, insieme a Bacciga, l'ala leghista più arroccata su posizioni integraliste e radicali: un terreno di coltura condiviso con l'estrema destra locale. Ecco perché il WCF trova in Verona il suo spazio ideale.

«Non siete benvenuti»

Mentre alla Gran Guardia si respira un'aria di ostentata omofobia e di sbandierata propaganda antifemminista, il 30 marzo 2019 in città sfila un corteo di protesta: decine di migliaia di persone: mondo LGBT+, sinistra, associazionismo, ACLI, ARCI, per dire no all'oscurantismo dei diritti e a un appuntamento dai contenuti medievali. Anche plasticamente rappresentati. Già, perché al di là dei temi trattati, a lasciare traccia nella memoria di chi c'era ed era lì per raccontare il congresso e il mondo che vi girava intorno è il merchandising estremo: l'oggettistica esposta in bella mostra sui tavolini all'ingresso. Nello spazio dei souvenir distribuiti agli ospiti spicca il tristemente noto feto di gomma messo all'interno di una bustina di plastica con tanto di illustrazione («L'aborto ferma un cuore che batte»). Lo distribuisce il sito antiabortista Notizie pro Vita. Roba shock. Come il volantino accoppiato a una pezza pulisci occhiali. C'è scritto: «Se hai avuto un aborto spontaneo o uno procurato, cosa puoi fare? Un gesto d'amore. Onora il tuo bambino col seppellimento. La Chiesa lo insegna, la legge italiana lo prevede». Tra i ricordi del WCF veronese ci sono anche i portachiavi coi piedini dei feti di dodici settimane e le t-shirt con il feto che si succhia il ditino. E poi, ovviamente, l'attacco alle donne «peccatrici» in quanto non contrarie all'aborto. Le ragazze vengono chiamate «utero in affitto», «venditrice d'ovulo»; il ragazzo, «donatore di seme», e vai di ironia su «genitore 1» e «genitore 2».

Chi sono i big della politica italiana ospiti al congresso dei feti di plastica? Salvini (anche vicepremier), Fontana, il ministro dell'Istruzione Marco Bussetti, il governatore veneto Luca Zaia. E ovviamente il sindaco Federico Sboarina. Ma mentre Salvini, Fontana, Sboarina e i loro colonnelli tengono caldi gli elettori e spingono sul tema divisivo della famiglia «tradizionale», Zaia spariglia. Il suo intervento a difesa dei «diritti universali» di tutti gela la platea. In realtà è un'uscita furba, tatticamente impeccabile, da scuola democristiana. «Il mio messaggio è che il Veneto è una regione in cui la libertà di espressione è garantita a tutti, quindi è giusto che questi signori portino le loro tesi, nel rispetto ovviamente delle libertà altrui» spiega Zaia. «Sono venuto a sentire, a capire, però non considero Medioevo parlare di famiglie, di centralità della famiglia nella società, dei bimbi. Il Medioevo è altro, è vietare alle donne di studiare, lapidarle, evitare qualsiasi espressione di femminilità, obbligare al burqa.» Non solo: «Mi sembra necessario che si capisca che gli estremismi non ci portano da nessuna parte» prosegue. «Se da un lato per difendere il sacrosanto diritto di fare le scelte sessuali e sentimentali che più aggradano non è necessario finanziare un gay pride, dall'altro è fondamentale dire che per parlare di famiglia non serve essere in odore di santità.»

Questo succede all'interno della Gran Guardia. E fuori? Per tre giorni faccio la spola tra le sale del palazzo e piazza Bra dove manifesta il variegato popolo pro vita e ultracattolico. Accanto a loro, c'è l'estrema destra. Dai gradoni della curva neonazi dell'Hellas alle poltrone di velluto del palazzo voluto dal doge è un attimo. Dalle bandiere con la croce uncinata e i cori per Rudolf Hess e contro i negher ai colori pastello scelti per simboleggiare i neonati della famiglia del mulino verde, pure.

È la lunga marcia della Verona nera: un fronte che, giocando di sponda con la Lega e il colonnello Lorenzo Fontana – il politico di riferimento, assieme al sindaco Sboarina – è infine riuscito a posare il fez anche sul Congresso delle famiglie.

Ci sono pure loro in piazza. Il 30 e il 31. Il secondo giorno i militanti di Forza Nuova e di Fortezza Europa girano tra la Gran Guardia, palazzo Barbieri e il liston, i portici di fronte all'Arena. Indossano felpe e simboli delle due sigle. Ma sono anche dentro il palazzo. Ecco i forzanovisti Castellini e Pietro Amedeo (il primo responsabile per il Nord Italia, il secondo coordinatore veronese). Sono regolarmente accreditati: hanno il badge al collo. All'ingresso li vede Filippo Savarese, direttore di CitizenGo, tra i promotori del congresso e ideatore del Bus della Libertà. Fiutando l'intenzione dei neofascisti di sfruttare i riflettori dell'evento, li blocca. Ma quello che volevano i forzanovisti lo stanno già facendo: distribuiscono in piazza un volantino per pubblicizzare la loro ultima proposta: un referendum per abolire la legge 194. «L'aborto è un'uccisione» chiosa Pietro Amedeo. Chi ferma Castellini e Amedeo all'ingresso si deve poi rassegnare a vederli all'interno del palazzo: Castellini con l'immancabile croce celtica al collo. Savarese dice: «Abbiamo rispetto per l'attività politica di tutti i partiti, ma il congresso è un'altra cosa». Chissà se sa che Castellini & Co. vengono ricevuti da Sboarina in Comune e che Lorenzo Fontana ha sfilato insieme a loro in piazza al Family Pride. Chissà se sa che i forzanovisti, che intanto si sono radunati sul lato ovest della piazza, davanti al liston, non sono affatto sgraditi alle istituzioni politiche veronesi.

Quel giorno arrivo in piazza Bra verso le 11,30. Taccuino in mano, faccio il mio lavoro. Cerco di muovermi con attenzione e bado – come sempre in questi casi – alle indicazioni della scorta. I militanti dell'ultradestra stanno su un lato della piazza. Io giro al centro, intervisto manifestanti, curiosi, rappresentanti del popolo pro vita. Raccolgo materiale per il mio reportage di quel giorno. I carabinieri che mi seguono notano che qualcuno dei forzanovisti – sono quasi tutti ragazzotti col cranio rasato, tra loro anche ultrà dell'Hellas – ha notato la mia presenza. Mentre un militare sta per spiegarmi la situazione, irrompe un agente della Digos. È un poliziotto giunto a Verona da fuori, di rinforzo perché alla vigilia della tre giorni, e per tutta la durata del convegno, la tensione era alta, tra contestazioni del popolo LGBT+ e della sinistra e rischio incidenti. L'agente mi si para di fronte e grida: «Venga via, venga via». Mi scosta quasi con un braccio dicendo alla mia scorta di farmi allontanare subito. Mi spavento, sembra quasi che voglia prendermi di peso per portarmi verso l'ingresso della Gran Guardia. Spiegherà poi a dei colleghi che, cercando di non farsi notare, il gruppo dei neofascisti stava avanzando verso il centro della piazza nella nostra direzione.

Passano ventiquattro ore: è il 31 marzo. A Verona, nella giornata conclusiva del congresso, si svolge la marcia per la vita. Nel serpentone di associazioni cattoliche e popolo della famiglia ci sono anche i militanti di Forza Nuova e di Fortezza Europa. I primi sfilano tutti in camicia bianca. Non hanno simboli del partito. Ad aprire il loro spezzone uno striscione con il motto fascista. «Dio, patria, famiglia.» Ci sono anche dei fortezzini: cranio rasato e le quattro frecce su felpe e magliette. CasaPound, pur non avendo aderito ufficialmente all'evento, si è fatta viva con un messaggio diffuso su Facebook da Blocco Studentesco: uno striscione nel quartiere multietnico Veronetta, «Hasta la vista antifascista». Sotto, otto militanti incappucciati della Mastino Gang-Parkour Division e l'avvertimento: «NON benvenuto a tutti gli antifascisti» in arrivo per protesta contro il World Congress of Families.

Il terreno di contiguità tra i neri e il popolo pro vita sono le crociate contro la legge 194, contro le unioni omosessuali, contro i diritti LGBT+. È su questo, e su molto altro, che si salda a Verona l'asse Lega-estrema destra e associazioni ultracattoliche. Zelger e Comencini sono tra gli alfieri più attivi nel portare avanti la causa: proposte di legge antiabortiste, campagne antigay e antigender. La Verona nera che plaude al congresso è la stessa della curva e la stessa che si ritrova sotto le frecce incrociate di Fortezza Europa. La Fortezza dei Formosa, dei Martello, di Stefano Armigliato, finito in manette nel 2003 per il blitz squadrista in uno studio tv contro Adel Smith, allora presidente dell'Unione musulmani d'Italia. Poi ci sono gli altri: Francesco Gragnato, Simone Derio Sentinella e Simone De Rossi, quest'ultimo condannato per sfruttamento della prostituzione eppure sistemato nella multiservizi ambientale da Andrea Miglioranzi, l'ex Veneto Fronte Skinheads portato in Comune da Tosi. È domenica sera. La tre giorni è finita. Sulle scalinate della Gran Guardia i commessi levano i volantini e i manifesti del WCF. L'eco degli interventi di Salvini, di Fontana, del vescovo Zenti – che ha portato i saluti della Chiesa ovvero di una delle curie più ricche e conservatrici d'Italia – svanisce all'imbrunire ed è ormai in pagina sui giornali. Lo sconcio dei gadget con i feti di gomma resta l'immagine indelebile di un fine settimana che sembra aver tirato indietro le lancette della storia. Di una piazza dove decine di famiglie «tradizionali» giunte coi pullman da tutto il Veneto e i manifesti con disegnati mamma, papà e per mano il bambino non avevano nessun imbarazzo a condividere due pomeriggi con i camerati dei saluti romani allo stadio e dei cortei contro i gay. Penso che quarant'anni fa Verona era l'eversione nera: Ordine Nuovo, la Rosa dei Venti, Ludwig, poi – negli anni Novanta – il Fronte Nazionale di Franco Freda. Oggi il braccio teso si allunga, pare incredibile, sul Congresso mondiale delle famiglie. Con la benedizione della Lega e di Fratelli d'Italia.

8

Il cartello. L'unione sacra in Europa

3 luglio 2021. Mentre la variante Delta fa risalire in Europa i contagi da Coronavirus e pone i governi di fronte all'urgenza di gestire una nuova fase dell'emergenza sanitaria che va avanti da un anno e mezzo, l'ultradestra europea sottoscrive un patto che porta la firma di quattordici leader politici. Per l'Italia, nella crème del sovranismo contrario all'UE, ci sono gli autografi di Matteo Salvini e Giorgia Meloni. Il manifesto dei nazionalisti prevede la creazione di «un Superstato che vuole realizzare una trasformazione culturale e religiosa». Le linee guida di questa «trasformazione» sono il filo ideale che unisce le formazioni in campo: posizioni anti-immigrati, intolleranza verso l'aborto e le unioni civili. «La famiglia è l'unità fondamentale delle nostre nazioni» scrivono gli aderenti alla Carta dei valori. «In un momento di grave crisi demografica, la politica a favore della famiglia dovrebbe essere la risposta rispetto all'immigrazione di massa.» Al centro dell'accordo ci sono la difesa delle tradizioni e della cultura degli Stati e la richiesta di «rispetto dell'eredità giudaico-cristiana dell'Europa. Valori comuni che uniscono le nostre nazioni ma che si punta a distruggere». Così dichiarano Lega, Fratelli d'Italia, il partito di Viktor Orbán e quello del premier polacco Mateusz

Morawiecki (PIS); e poi i nostalgici spagnoli del franchismo di Vox, il Partito nazionale contadino cristiano democratico della Romania, il Movimento nazionale bulgaro, gli olandesi di Ja21, i Greci indipendenti (ANEL), populisti legati alle tradizioni ortodosse; altre due sigle d'area della Lituania e della Bulgaria e, ancora, i partiti che fanno capo al gruppo del Parlamento europeo Identità e democrazia (quello di cui fa parte la Lega): i francesi del Rassemblement national di Marine Le Pen, gli austriaci del Partito della libertà (FPOE, il cui leader un tempo era Haider), i belgi di Interesse fiammingo (VB), il Partito popolare danese (DF), il Partito popolare conservatore estone (EKRE) e i Veri finlandesi (PS).

La Carta dei valori stipulata dai partiti nazionalisti e dell'estrema destra continentale rappresenta, di fatto, l'atto costitutivo di un nuovo cartello transnazionale: un manifesto che unisce in un coro le voci di partiti e formazioni legittimate dal voto, alcuni dei quali siedono da tempo nei parlamenti delle rispettive nazioni e – come nel caso di una parte dell'Europa dell'Est – sono addirittura nelle maggioranze di governo. Il manifesto diventa in automatico anche un faro a cui guarda quell'arcipelago di gruppi – variamente articolati – che si richiamano all'eredità fascista ma anche a quella nazionalsocialista. È il doppio livello della destra radicale: c'è un livello «istituzionale», riconosciuto e riconoscibile, parlamentare, e c'è il livello più «sociale» delle sigle, dei nuclei, delle associazioni che catalizzano le spinte più estremiste e agiscono sul territorio portando avanti una propaganda violenta, razzista e nostalgica dei regimi autoritari del passato, anche quando questa nostalgia è dissimulata.

È il caso, per esempio, di Forza Nuova e CasaPound.

Ognuno dei due livelli si pone – talvolta in sinergia – degli obiettivi politici. Il primo «livello» punta al ripristino su base sovranista di quelle che lo storico Claudio Vercelli (nel saggio *Neofascismo in grigio*) chiama le «piene prerogative dello Stato nazionale»: uno Stato «antieuropeista» (contro l'Unione Europea in quanto organismo bancario e speculativo, a favore dell'«Europa dei popoli»), avverso all'immigrazione e alla mixité, identitario, neonazionalista e neopatriottico. I partiti della destra estrema cavalcano la tendenza a intercettare i malumori, la rabbia e la paura di chi si sente non rappresentato e trasformano tutto questo in domanda politica, anteponendo spesso le loro parole d'ordine alla grammatica e alle regole della democrazia liberale e costituzionale. Il secondo livello invece – condividendo in particolare il tema del rifiuto dell'immigrazione –, più che all'obiettivo politico (entrare nelle strutture dello Stato), pare interessato a quello sociale: radicarsi in modo capillare sul territorio. Nella fragilità di quelle fasce più esposte all'angoscia per i mutamenti sociali in corso nel nostro tempo. La risposta ai bisogni materiali di queste persone diventa, per i gruppi neofascisti, merce di scambio attraverso cui ottenere dalla popolazione un ritorno in termini di adesione, diretta o indiretta, ai tratti tipici dell'attuale radicalismo di destra: l'avversione per le democrazie in ogni loro forma – a meno che siano le cosiddette «democrature» dell'Europa orientale –, la lotta alla globalizzazione e alla società multietnica, e dunque xenofobia e razzismo, e la negazione-soppressione dei diritti delle minoranze religiose e di genere.

Interconnesse tra loro e ringalluzzite dal sovranismo non solo europeo, il progetto di queste formazioni nere è quello di dare vita a un «nuovo ordine». Un ordine su base verticale e gerarchica che, partendo dalla presenza «tra la gente» e dall'occupazione dei vuoti lasciati dalle élite, contrasti il caos delle contaminazioni e restauri una linea fatta di suolo, tradizioni, valori e formule che non prevedono le complicazioni strutturali e orizzontali delle democrazie né la presenza dei cosiddetti «corpi intermedi». Sembra lo specchio del laboratorio nero veronese.

Consensi triplicati

Negli ultimi quindici anni l'estrema destra europea ha triplicato i suoi consensi. Nell'Europarlamento la rappresentanza nazionalista e xenofoba è passata dall'11 per cento del 1999 al 31 per cento delle elezioni europee del 2019. Il dato (dalla ricerca *Studi elettorali sull'estrema destra europea*, «ScienceDirect», agosto 2018) rimarca una tendenza che sembra vivere al netto di quella che qualche osservatore ha interpretato, nel 2021, come una parziale battuta d'arresto: i riferimenti sono, in particolare, alla frenata del Rassemblement national di Marine Le Pen alle ultime elezioni regionali francesi e al tonfo del FPOE austriaco alle ultime consultazioni, dove è stato cannibalizzato dal Partito popolare del cancelliere Sebastian Kurz. Ma allo stesso tempo in Spagna l'estrema destra filofranchista e anticatalana di Vox, tornata in parlamento con il boom di voti del 2019, ha rafforzato la sua posizione alle elezioni di maggio 2021 nella comunità autonoma di Madrid risultando determinante per la riconferma della presidente uscente Isabel Díaz Ayuso (Partito popolare). L'ultradestra è cresciuta in Ungheria (il partito radicale di Orbán – noto per le sue posizioni illiberali e intolleranti – ha lasciato il PPE europeo), Polonia ed Estonia. In Italia FDI – che affonda le sue radici nella tradizione fascista – da mesi è considerato dai sondaggi il primo partito. Che cosa c'è alla base di questa tendenza? Perché le idee e gli slogan della destra radicale continuano ad attecchire?

Nel suo libro *The Far Right Today* il politologo olandese Cas Mudde – docente all'Università della Georgia, uno dei massimi esperti di populismo in Europa – ritiene che siamo ancora in quella che lui ha definito «quarta ondata»: dell'estrema destra, si intende. Dopo la terza ondata (dal 1980 al 2000), le questioni messe al centro dell'agenda politica dagli attentati dell'11 settembre 2001 – identità, immigrazione e sicurezza – «hanno spianato la strada allo sdoganamento e alla normalizzazione della destra. E nonostante molti dei partiti populisti di destra siano gli stessi della "terza ondata", adesso sono molto più rilevanti a livello elettorale e politico». Secondo Mudde oggi la destra radicale è «strettamente legata al centro politico». Un fenomeno dovuto all'erosione dei confini tra i partiti conservatori e liberali e quelli, appunto, più radicali, caratterizzati «dall'accettazione dell'essenza della democrazia, ma dall'opposizione agli elementi fondamentali della democrazia liberale come i diritti delle minoranze e la separazione dei poteri».

Accanto a nuovi partiti come Vox in Spagna e Chega in Portogallo, assistiamo allo spostamento all'estrema destra di partiti prima conservatori, come Fidesz in Ungheria, e al posizionamento di formazioni direttamente fasciste come Kotleba in Slovacchia. È interessante – fa notare Mudde –

come «molti di questi gruppi siano ormai al governo, o potenziali alleati di coalizione».

Andiamo con ordine. Nella variegata e complessa galassia della alt-right europea val la pena ricordare che il primo partito salito al potere era austriaco: il Partito della Libertà (FPÖ) guidato da Jörg Haider alle elezioni del 1999. Da secondo partito del Paese che era, oggi l'FPÖ, dopo essere stato al governo con l'ex leader Heinz-Christian Strache, è più debole rispetto a vent'anni fa (terzo partito), è vero. Ma le sue politiche sono state adottate dal premier Kurtz e caratterizzano, di fatto, la destra al governo in Austria. Altro caso significativo è quello di AFD, il partito nazional-conservatore tedesco, xenofobo ed euroscettico nato nel 2013. Sei anni dopo in Turingia ha superato i democratici cristiani della cancelliera Angela Merkel assestando un duro colpo all'establishment. Poi è iniziata una stagnazione, dovuta anche al clamore sollevato dalla tentata irruzione nel Bundestag il 30 agosto 2020 da parte di trecento aderenti al movimento Querdenken, i negazionisti del Covid, la maggior parte dei quali appartenenti a gruppi di estrema destra. Da mesi AFD è sotto stretta sorveglianza da parte delle autorità tedesche poiché considerato – per le posizioni estreme di una sua componente – un potenziale pericolo per la democrazia. Nonostante ciò, resta il più grande partito politico di opposizione al governo Merkel.

Volano pandemia

Abile e spregiudicata. Misogina e sessista. E, soprattutto, razzista. Dopo l'esplosione della pandemia, l'alt-right europea ha cavalcato le proteste contro l'emergenza sanitaria usando il Covid come volano per diffondere idee populiste antigovernative – laddove non partecipa agli esecutivi – o per affermare la sua identità antieuropeista. Lo scenario politico che si è depositato in Europa è proprio quello di cui parlava Mudde: i conservatori e i moderati hanno ceduto e continuano a cedere il centro politico all'estrema destra, diventandone in pratica – spesso – l'estensione presentabile. Guadagnano terreno e rendite di posizione quelle formazioni che rivendicano la superiorità e il dominio su altri gruppi. Che diffondono la delirante visione complottista della sostituzione intenzionale degli europei bianchi con altre etnie e la nascita del pericolo costituito dall'Eurabia, il continente islamizzato. Tra cospirazionismo e razzismo, sotto il cappello dei partiti di destra c'è una miriade di gruppi estremisti che offrono sostegno in varie forme in cambio della possibilità di accedere, in modo indiretto, al potere. Che è quello di influenzare le politiche governative infiltrandole con l'odio contro gli «invasori», soprattutto musulmani, e le altre minoranze. Unito in molti casi all'antisemitismo di ritorno.

Esempi. Il Rassemblement national di Marine Le Pen, che in Francia attrae dieci milioni di «conservatori» ed è alleato con la Lega di Salvini, coltiva da tempo rapporti con gruppi estremisti come Bloc Identitaire – Génération Identitaire e Bastion Social. Génération Identitaire è stata messa fuorilegge e sciolta dal ministro dell'Interno francese Gérald Darmanin il 3 marzo 2021 per incitamento all'odio e alla violenza nei confronti della comunità musulmana. Il Consiglio di Stato ha sottolineato la natura paramilitare del movimento – collegato con CasaPound

Italia – «simile a quella di una milizia privata», e dunque una minaccia per l'ordine e la sicurezza pubblica. Nata nel 2012, Génération Identitaire ha organizzato per anni dei campi estivi (dette «università estive») per formare i giovani militanti. Nella pagina web della sezione inglese – ha raccontato un'indagine del Centro studi internazionali – l'università estiva viene descritta come un «campo di addestramento paramilitare di estrema destra». Allenamento fisico; combattimenti con uniformi abbinate; marce in formazione militare. Il tutto accompagnato da lezioni di storia e seminari di scrittura propagandistica. Dopo la condanna dell'Eliseo, i media francesi hanno ricordato dei passaggi che qualcuno aveva dimenticato troppo in fretta: le lodi nel 2018 di Marine Le Pen all'operazione antimigranti Defend Europe – targata GI, hanno partecipato anche i militanti di CasaPound – sulle Alpi italo-francesi, e le parole spese dalla leader del Rassemblement national a difesa della libertà d'espressione dei giovani di Génération. Quanto facciano comodo al partito di destra, e viceversa, i giovani camerati francesi sulla scena extraparlamentare lo si è capito alle elezioni regionali 2021: quando RN ha candidato l'ex portavoce di Génération Identitaire, Damien Lefèvre. Una scelta chiara, nonostante negli ultimi anni Marine Le Pen abbia fatto molto per moderare la sua immagine (non è più schierata a favore dell'uscita dall'UE, parla di riforme interne e ha aperto all'ambientalismo).

Dalla Francia ci spostiamo nei Paesi Bassi. La riconferma alle ultime elezioni parlamentari del Partito popolare per la libertà e democrazia dell'ex primo ministro Mark Rutte ha ridimensionato il Partito della Libertà (PVV) guidato da Geert Wilders (tre seggi in meno rispetto al 2017). Ma in parlamento la forza della destra radicale è complessivamente aumentata (dal 15 al 18 per cento dei voti) grazie al boom del Forum per la Democrazia (FVD) di Thierry Baudet e al buon risultato del JA21 formato da fuoriusciti del FVD. Sotto, ci sono i cespugli insidiosi dell'estremismo: Pegida, Voorpost, Rechts in verzet e Erkenbrand, quest'ultima in ascesa per numero di iscritti. Un rapporto dell'Europol – l'agenzia dell'Unione Europea che contrasta il crimine organizzato e il terrorismo – evidenzia l'aspetto che alimenta la paura e la rabbia da parte delle formazioni dell'ultradestra: il timore che il Paese venga islamizzato. È il filo che tiene assieme Pegida con le organizzazioni sorelle attive in Germania, Belgio e Regno Unito.

Belgio. Gli ultranazionalisti del Vlaams Belang (Interesse fiammingo) hanno raggiunto il loro massimo storico nel 2019 con il 26,3 per cento di voti e l'anno scorso i sondaggi hanno confermato il primo posto davanti ai nazionalisti fiamminghi dell'N-VA. L'atteggiamento più prudente – almeno di facciata – adottato dal Vlaams Belang ha suggerito di non strizzare l'occhio ai no vax. Anche se come nel caso della Lega – con cui ci sono rapporti ventennali – nella base dell'elettorato ci sono larghi settori su posizioni dichiaratamente antivaccino e contro la «dittatura sanitaria». Curiosità: a luglio scorso delegazioni di giovani della Lega, capitanati dal responsabile esteri Davide Quadri, hanno partecipato all'università d'estate organizzata dalla giovanile Vlaams Belang Jongeren, guidata dal parlamentare Filip Brusselmans. C'erano anche i militanti della Junge Alternative dalla Germania e di Génération Nation, l'organizzazione giovanile del Rassemblement di Marine Le Pen.

L'okay rovesciato dei suprematisti

Se si guarda a est lo schema non cambia. Tra destra ed estrema destra esistono gli stessi rapporti di contiguità e in alcuni casi di fattiva collaborazione. Gli stessi che abbiamo visto negli anni scorsi tra Lega e CasaPound e che caratterizzano oggi le sponde offerte da alcuni esponenti di FDI ai «fascisti del terzo millennio». In Polonia i neofascisti del Movimento Nazionale, la Falange ONR e la Gioventù Polacca condividono le stesse battaglie e spingono sugli stessi temi portati avanti dal PIS del premier Mateusz Morawiecki; in Ungheria Jobbik – considerato il più estremo dei partiti di destra, con derive neonaziste – si sta frantumando e trasformando sotto la guida del nuovo leader Péter Jakab: tra i tanti fuoriusciti, c'è chi fonda nuovi partiti in chiave anti-Orbán. L'espulso László Toroczkai ha creato il nuovo movimento di estrema destra Nostra Patria (Mi Hazánk) i cui sostenitori, il 15 marzo scorso – in pieno e stringente lockdown – sono ugualmente scesi in piazza dando vita a disordini. In Repubblica Ceca il partito di estrema destra Libertà e democrazia alle ultime elezioni europee ha ottenuto il 9 per cento e in Slovacchia i neonazisti di Kotleba addirittura il 12 per cento. In Slovenia il Partito nazionalista ha incassato il 4 per cento e l'altra formazione nera, Domovinska Liga, un po' meno del 2 per cento.

Il fenomeno dello spostamento a destra del centro si ripete anche in Scandinavia. In Finlandia i Veri Finlandesi puntano a conservare il 13,8 per cento delle europee; in Danimarca il Partito del popolo danese perde consensi ma in Estonia l'estrema destra è andata, per la prima volta, al governo con il Partito conservatore popolare (EKRE).

Quando due anni fa c'è stata la cerimonia di giuramento, il capo del partito, Mart Helme, e suo figlio Martin (anche lui membro del governo), hanno fatto il gesto razzista dei suprematisti bianchi, l'«okay» rovesciato reso celebre dal massacratore neonazista di Utoya Anders Breivik. E poi la Svezia. Qui i moderati di Ulf Kristersson, nel 2018, a cavallo delle elezioni dall'esito incerto tra conservatori e sinistra aprirono agli impresentabili Democratici svedesi (SD), diretti discendenti dei partiti neonazisti e per questo tenuti da sempre ai margini del campo politico. I Democratici alle elezioni europee hanno ottenuto un sorprendente 15,34 per cento. Oggi si sentono ampiamente legittimati.

In quale direzione si sta muovendo la galassia nera europea? Come è organizzata? Dove può sfociare il messaggio violento di cui si fa portatrice? Una prima risposta arriva dalle cronache. Spiega perché è ragionevole ipotizzare che, quando sarà cessata la pandemia, questa «rete» non uscirà indebolita dagli ultimi due anni, anzi. Un tempo durante il quale, mentre il virus picchiava e falciava vite, nel vecchio continente le derive più estremiste e filonaziste si compattavano.

12 dicembre 2020: mancano più di due mesi all'arrivo del Covid in Europa. Un'operazione porta all'arresto, tra Germania e Austria, di cinque suprematisti aderenti a una milizia neonazista paramilitare con scopi eversivi e terroristici pronta a colpire nei due Stati e a scatenare uno «stato di guerra civile». Obiettivi: politici, richiedenti asilo e musulmani. Oltre ad armi naziste ancora funzionanti, nelle abitazioni degli arrestati ci sono settanta fucili mitragliatori Kalashnikov, Skorpion e Uzi, granate, esplosivi e 100.000 proiettili. Tutto acquistato in Croazia da un ex militare.

L'Ufficio federale per la protezione della Costituzione, l'agenzia di sicurezza interna tedesca, dà i numeri: nel Paese che fu culla del nazismo, sono 12.700 gli estremisti di destra «orientati alla violenza». Uomini, tra i trentacinque e i cinquant'anni. Radicalizzati attraverso le chat online, e cioè gli stessi canali con i quali si tengono in contatto tra loro. In Germania risuona l'eco della decisione da parte della stessa Agenzia di sicurezza interna di mettere sotto osservazione Der Flügel («l'ala»), la fazione più estrema di AFD: uno dei due leader, Andreas Kalbitz, a maggio 2020 era stato espulso dal partito perché era emerso che aveva fatto parte della Gioventù tedesca fedele alla patria, organizzazione neonazista che AFD aveva ritenuto incompatibile con il proprio statuto. Ma tant'è: l'altro leader dell'«ala», Björn Höcke, a dicembre 2020 è stato confermato leader e capogruppo di AFD in Turingia.

La palestra del Donbass

Sponde, rapporti sotterranei o manifesti. Ambiguità che possono fare da anticamera ad accordi elettorali, ora, e ad azioni eclatanti un attimo dopo. Lo scivolamento di diverse formazioni di estrema destra verso l'ideologia neonazista, più che neofascista, e i collegamenti più o meno riconoscibili con partiti legittimati e al centro della scena politica sembrano avere avuto un'accelerazione proprio durante la pandemia. Oltreoceano resteranno impresse nella memoria le immagini dell'assalto dei sostenitori di Donald Trump alla sede del parlamento a Capitol Hill. A guidare l'irruzione, i suprematisti neonazi Proud Boys. Chi sono i loro fratelli in Europa? Per cercare i terreni più fertili dove ha attecchito il neonazismo, oltre alla Germania, bisogna restare in Scandinavia e nei Paesi dell'ex Unione Sovietica. Si addestrano in Ucraina, oggi, i miliziani dell'ultradestra. Esattamente come accadeva nei Balcani durante la guerra, adesso si va a Kiev per imparare sul campo la ferocia della violenza politica. Accanto a mercenari e professionisti della guerra, è dal 2014 che nella capitale ucraina e in Donbass si avvicendano anche estremisti di destra di mezza Europa: accanto a ex o neo militanti di CasaPound e Forza Nuova (i primi schierati con Kiev, i secondi con Putin), ci sono anche i neonazi scandinavi. Molti di loro – spiega Oyvind Strommen, analista di Oslo, esperto di movimenti di alt-right – «sono andati a combattere anche in Siria accanto ai curdi. I numeri sono ancora bassi ma i miliziani tornano nei rispettivi Paesi con un'esperienza militare e una fiducia nelle azioni armate molto solide». Tutto questo contribuisce a cementare i gruppi locali. In Svezia, nella stessa orbita dei già citati Democratici svedesi, opera il Nordiska Motståndsrörelsen che ha sezioni anche in Danimarca, Norvegia e Finlandia. Tengono rapporti stabili con il gruppo austriaco Identitaire Bewegung, con i polacchi dell'ONR e con i portoghesi di Blood & Honour, Portugal Hammerskins e Nova Ordem Social.

Islamofobia. Antisemitismo. Teoria del gender. Muri e confini blindati. Lotta ad alzo zero contro gli immigrati e campagne no vax. L'odio della destra radicale europea scorre sulle chat di Telegram e VK. E fa proseliti. Nel magma nero, negli ultimi due anni, c'è stata una saldatura tra cospirazionisti, neonazisti e fascisti. Prima ancora che scoppiasse la pandemia, a fare da nuovo collante sono stati i seguaci del movimento complottista americano QAnon: hanno tessuto alleanze con movimenti e partiti suprematisti e sovranisti, e intanto – sotto la loro copertura – hanno adattato le loro teorie deliranti ai tempi della crisi sanitaria. Il cavallo di battaglia resta però la teoria madre: e cioè che l'élite politica americana, dedita a orge e riti satanici, starebbe trafficando bambini per estrarre il loro sangue e creare un elisir di lunga vita. Le stesse élite sono diventate ovviamente, per i seguaci di QAnon, anche i fabbricatori del Coronavirus, creato apposta per poi poter speculare su vaccini e farmaci. E sempre loro – da George Soros a Bill Gates – vengono indicati come il gotha dell'immigrazionismo. Da qui si parte e qui si torna: l'avversione contro gli immigrati.

L'ultima conferma arriva dal report 2021 «State of Hate – l'estrema destra in Europa» (realizzato dall'inglese Hope Not Hate, dalla svedese Expo Foundation e dalla tedesca Amadeu Antonio Stiftung). Al centro della ricerca c'è un sondaggio effettuato su un campione di 12.000 persone in otto Paesi europei (Svizzera, Francia, Germania, Olanda, Regno Unito, Italia, Polonia, Ungheria). La mappa dell'odio rivela che «un europeo su tre è ostile agli immigrati». In Ungheria il 60 per cento della popolazione intervistata ha un'idea negativa degli immigrati, il 54 per cento verso i musulmani. In generale, l'immigrazione rappresenta una delle quattro principali preoccupazioni in Francia, Germania, Italia, Olanda e Svizzera. In Italia il 74 per cento dei cittadini – in base al sondaggio – ritiene che il paese stia andando nella direzione sbagliata. Anche da noi, come in altri Stati, hanno preso piede – veicolate da partiti e movimenti sovranisti – le idee tipiche dell'estrema destra sulla sostituzione etnica. Tradotto: le élite starebbero incoraggiando l'immigrazione come mezzo di un complotto per indebolire l'Europa. E questo per i «patrioti del terzo millennio» è una vera e propria ossessione.

Perché? Perché – per dirla con Ezio Mauro – «l'idea di nazione per loro non è costruita sul patto repubblicano di Mazzini o sull'uguaglianza dei cittadini nei diritti e nei doveri, secondo la Rivoluzione francese: piuttosto, i patrioti guardano alla nazione come comunità di discendenza, di natura etnico-genealogica, impegnata nella conservazione dei suoi valori attraverso la catena immortale del passaggio tra padri e figli. E proprio la trasmissione generazionale assegna alla famiglia un ruolo non sociale, ma patriottico e politico, per contrastare l'immigrazione con la demografia indigena e nazionale. In questa interpretazione del vincolo di appartenenza e di discendenza tra famiglia, patria e nazione affiorano le ossessioni di questi ultimi anni dell'ultradestra europea: il sangue come riserva della vera sostanza della comunità nazionale oltre il tempo, a garanzia perpetua della sua identità e dell'immortalità».

9
Sboarina, o la destra di potere

Una sedia lanciata in aria riflette il bagliore dei fumogeni, in mezzo alle vetrine accese dopo la chiusura, a mezza altezza sopra i caschi dei celerini e dei carabinieri schierati a testuggine in fondo alla piazza. Di qua, dalla parte della videocamera che scatta l'immagine, è un'orgia di cappucci neri, cappellini, teste rasate. Sono tutti di spalle. Il fotogramma, estratto dalla memoria del cellulare di uno dei protagonisti degli scontri, a imperitura memoria di quella sera finisce nel profilo WhatsApp di un dirigente di polizia. Me la mostra, e ricorda. «Quella sera abbiamo capito subito che non vedevano l'ora di fare casino, di attaccarci. Forse erano a digiuno di violenza, come in crisi di astinenza. Gli stadi chiusi, il lockdown, la scusa pretestuosa di sostenere i commercianti per andare contro lo Stato. Poi si è capito chi erano: diciamo che, quella sera, più che coprirsi, i neofascisti hanno gettato la maschera.»

La «notte delle sedie»

28 ottobre 2020. Il 28 ottobre per i camerati più nostalgici è una data liturgica: quel giorno del 1922 la storia colloca

l'ingresso nella capitale d'Italia delle camicie nere. La marcia su Roma, ovvero, di fatto, l'atto che segna la presa del potere da parte del fascismo. Non è un caso che la «notte delle sedie» si collochi il 28 ottobre. Ma che cosa è stata? Un cortocircuito politico che si compie nel più classico dei paradossi.

Verona arrivava dopo Napoli, Roma, Milano, Torino, Firenze. Ma Verona – c'era da aspettarselo – avrebbe raccontato altro. Come Roma. È una sera umida. Piazza delle Erbe a un certo punto si tinge del rosso delle torce, la rabbia si infiamma. Sotto gli archi del salotto cittadino non va in scena la movida dei suv e dello spritz, ma rimbomba il grido «Libertà!». È un ringhio cattivo, niente di rivoluzionario. Molta ideologia e, come si vedrà, strumentalizzazione violenta. Con la scusa delle proteste contro le restrizioni anti-Covid decise dal governo Conte e della solidarietà a baristi e ristoratori l'estrema destra dell'«ordine e disciplina» si prende il cuore della città e lo stravolge scatenando la guerriglia. È l'intifada nera veronese. Tre ore di scontri: una pioggia di bombe carta, bottiglie, grossi bulloni, sedie, tavoli, oggetti di ogni genere scagliati contro le forze dell'ordine. Un'«azione organizzata» dirà il segretario generale FSP della Polizia di Stato Valter Mazzetti.

Ufficialmente la protesta è organizzata dai commercianti in sofferenza per il protrarsi delle chiusure stabilite da Roma per contenere i contagi da Coronavirus. C'è uno striscione («Verona non morirà un Dpcm alla volta») che campeggia davanti al corteo di 1500 manifestanti partito dal ponte di Castelvecchio. Il serpentone attraversa corso Cavour e arriva in via Mazzini per poi sfociare in piazza delle Erbe. Quello striscione presto sparisce, e lascia il posto ad altro. La testa del corteo, ormai concentrato in piazza delle Erbe, finisce in mano ai neri: decine, poi centinaia di manifestanti sfidano lo Stato in divisa provocando incidenti e mettendo a soqquadro l'esterno dei locali. Tentano di sfondare il cordone di polizia per entrare in piazza dei Signori: l'obiettivo è la prefettura. Tavolini, sedie, fioriere, cartelli volano in direzione di polizia e carabinieri. I cassonetti diventano scudi, i banchi del mercato si trasformano in trincee dove i teppisti si nascondono e prendono posizione per affrontare a mo' di cecchini le forze dell'ordine. Risultato della notte di follia: sei agenti feriti, quindici indagati, dieci Daspo decisi per i più violenti.

Le indagini della Digos accertano che in piazza «sono presenti tutte le sigle della destra estrema». CasaPound, Forza Nuova, Fortezza Europa, Veneto Fronte Skinheads. Sono i partiti e i movimenti che – spesso in condivisione con la Lega – occupano la scena del radicalismo reazionario veronese. Una galassia che in città ha appaltato il terreno politico che il sindaco Sboarina – prima da «indipendente» di centrodestra e poi con Fratelli d'Italia – ha irrigato e seminato a partire dal 2017.

In particolare Fortezza Europa, che lo ha sempre apertamente appoggiato. Al punto da far eleggere in Consiglio comunale uno dei suoi fondatori, Andrea Bacciga, avvocato come Sboarina, a processo per un saluto romano in aula rivolto alle attiviste di Non una di meno. Bacciga è uno degli uomini dell'estrema destra dentro il palazzo. Una delle tante pedine che il neofascismo ha piazzato nei gangli delle istituzioni veronesi.

Il «picchiatore» e la comunità

Torniamo al 28 ottobre. Andiamo indietro di qualche ora rispetto all'esplosione di violenza. Aiuta a capire meglio il significato e, soprattutto, il sottopancia della notte delle sedie. Perché quella notte è un cortocircuito politico? Semplice: perché a creare disordini è la stessa destra estrema che a Verona è contigua, di fatto, al potere. Sono quei movimenti che durante la prima ondata dell'epidemia – e poi anche durante la seconda – hanno cavalcato la rabbia della gente trasformando proteste legittime in azioni violente. E che hanno potuto contare sulla legittimazione da parte di politici e amministratori della destra sovranista. La destra dell'ordine e disciplina che sfida frontalmente lo Stato.

L'antefatto, dunque. In piazza Bra il 28 ottobre è ancora pieno giorno. Sulla scalinata di palazzo Barbieri il sindaco Sboarina prende la parola di fronte a una folla di commercianti. Protestano contro il nuovo Dpcm dell'esecutivo Conte (espresso da Movimento 5 Stelle e centrosinistra) che impone alle attività commerciali di chiudere alle 18. Ci sono anche titolari di palestre e centri sportivi, chiusi da mesi. «Non si deve morire di virus ma non si può neanche morire di fame» scandisce al microfono il primo cittadino portando la solidarietà sua e dell'amministrazione. Sboarina è marcato a vista da uno dei suoi più stretti collaboratori: Umberto Formosa, segretario particolare nonché capo di gabinetto del sindaco, ex ultrà dell'Hellas, già sottoposto a Daspo. Soprannome di Formosa: «il picchiatore». È anche lui vicino a Fortezza Europa.

Sentite come si rivolge Sboarina alle quattrocento persone furibonde contro Conte che gli chiedono di «aprire»: «Io oggi sono qui perché voi siete la mia comunità, la mia gente. Per questo io sono qui... Vi dico che insieme ad altri sindaci scriveremo una lettera durissima alla presidenza del Consiglio per dire che questo provvedimento è ingiusto». In piazza, a favore di fotografi e cameramen, ci sono bandiere tricolori e striscioni scritti a spray con i caratteri tipici dell'estrema destra. Uno recita: «Se il lavoro non è un diritto, pagare le tasse non è più un dovere». «Vi capisco benissimo» dice il primo cittadino, «sono qui apposta.» Le parole di Sboa sono accolte da un mix di applausi e di richieste dirette. «Apri! Apri! Apri!» scandisce la folla. Lui deve interrompersi più volte. Capisce che gli animi della piazza sono surriscaldati. Non si può dire che li aizzi, ma neppure li lascia raffreddare. Da sindaco non fa nulla per spegnerli. Mantiene la temperatura. «Non sono io che ho fatto questi Dpcm, lo sapete» butta lì con studiata malizia.

Sboarina sa bene, che per la Verona che lo sostiene, Conte e il centrosinistra sono un bersaglio. Sa anche che la costruzione del consenso, in una città ricca come questa, è sempre passata e continua a passare non da temi evidentemente considerati a rendita zero – come la lotta alle diseguaglianze, la difesa dei diritti dei più fragili, l'inclusione –, ma dall'ascolto e dalla rappresentanza delle istanze di chi produce ricchezza e la intasca. Politicamente, quattrocento cittadini radunati all'ombra dell'Arena per protestare contro un governo di centrosinistra sono un'occasione ghiotta per un sindaco di destra-destra. Sboarina questa occasione non se la lascia scappare. «Io sono con voi, potete contare su di me e sull'amministrazione, siete la mia gente» ripete mentre la folla si organizza per continuare la protesta in serata. Quelli che «non vogliamo morire di fame» se ne stanno pacificamente nella piazza che, con l'Arena alle spalle, campeggia nelle immagini turistiche di Verona nel mondo. Tre giorni dopo, sabato, il copione pacifico si ripete. A protestare sono gli operatori dello sport. Anche qui Sboarina interviene portando la solidarietà dell'amministrazione. Ma perché lo fa? È davvero interessato il sindaco-curvaiolo ai problemi di chi manifesta?

L'atteggiamento e la linea tenuta dal primo cittadino vengono criticate dall'opposizione: Sboarina è accusato di ambiguità e, soprattutto, di ipocrisia. In buona sostanza: a ogni occasione scende in piazza ma, di fatto, non dà poi alcuna risposta e non avanza alcuna proposta, per quanto di sua competenza. Glielo dicono i consiglieri di centro (Alberto Bozza e Flavio Tosi) e quelli di sinistra. «Dopo aver cercato di arringare la folla contro le decisioni governative dai gradoni di palazzo Barbieri» attacca Michele Bertucco, consigliere di Verona e Sinistra in Comune, «Sboarina fa partire gli avvisi di riscossione della Tari per imprese e professionisti con scadenza 16 dicembre. Facile protestare contro il governo che non fa abbastanza per i commercianti. Poi però quando tocca all'amministrazione comunale far qualcosa di buono per le categorie che dice di voler proteggere, se ne sta immobile. Non si potevano fermare quelle cartelle? Che rifiuti avranno prodotto le aziende in questo disgraziato 2020? I vincoli di bilancio ci sono solo per il Comune e non per lo Stato?»

Dalle cartelle esattoriali bisogna tornare alle bombe carta e ai bulloni, alle urla, ai fumogeni della notte violenta delle proteste. Chi c'è, dunque, in piazza delle Erbe? E chi sono i mandanti politici della folla che la prende e la trasforma in un campo di battaglia? Incrociamo alcune dichiarazioni del giorno dopo e il risultato delle indagini della Digos. Il colore della piazza è confermato dalla questura di Verona. «Tutte le sigle della destra estrema erano presenti.» Una fotografia precisa esce dalle parole di Angela Barbaglio, procuratore capo di Verona: «Ho ascoltato i dati emersi. La matrice di questa manifestazione è chiaramente di destra, il che preoccupa non poco. Erano presenti e sono stati riconosciuti esponenti di CasaPound, di Forza Nuova, di Fortezza Europa, mescolati ad altre persone, a cittadini, commercianti e molti giovani che hanno aderito. Un'attività di questo genere è stata pianificata prima, c'è stata una cabina di regia. I ragazzini che hanno preso parte alle violenze non sono stati di certo gli ideatori degli scontri, semmai sono stati la manovalanza».

Maglie larghe

C'è la manovalanza e ci sono i capi cantiere. C'è un progetto. I quindici denunciati riconosciuti con l'aiuto delle telecamere sono tutti residenti nel Veronese. Ci sono quattro noti militanti del neofascismo scaligero, alcuni dei quali con precedenti penali per reati contro la persona e per reati da stadio. La forbice anagrafica dei denunciati va da due quindicenni veronesi nati in Brasile e Romania a un attempato e daspato ultrà dell'Hellas, cinquantotto anni, una sfilza di precedenti penali (lesioni personali, produzione e traffico illecito di sostanze stupefacenti, oltraggio, resistenza e violenza a pubblico ufficiale), titolare di un esercizio pubblico. Va ricordato che il corteo non era autorizzato e i disordini scoppiano quando l'ala più dura tenta di sfondare il cordone delle forze dell'ordine per entrare in piazza dei Signori. Particolare: come può finire una manifestazione a sostegno dei commercianti? Semplice: con gli arredi esterni di alcuni locali andati distrutti, sedie e tavoli lanciati e tutto.

Ma le sorprese, si fa per dire, non finiscono qui. Ventiquattro ore dopo, in seguito alle perquisizioni della Digos, Forza Nuova, Lotta Studentesca e Casa dei Patrioti con una nota esprimono «solidarietà a chi è stato svegliato all'alba dalla polizia». Le Mascherine tricolori – CasaPound versione proteste anti-lockdown – tengono il punto nel segno della stagione di piazza contro il governo Conte e i Dpcm: «Questi incapaci ci stanno minacciando, soffocando, uccidendo. La parola torni al popolo! Manifestare è un dovere!», è il comunicato bellicoso.

Nella galassia dell'ultradestra, però, la presa di posizione più forte è di Luca Castellini, che ai microfoni di Radio Cafè nel programma *Morning Show* dice: «Non è finita qui, questo è solo l'inizio. Io ho visto gente arrabbiata in piazza, con commercianti alla testa della manifestazione. Sedie e petardi contro i poliziotti sono la reazione di qualcuno alla situazione che abbiamo oggi». Poi il ras neofascista continua: «C'è gente disperata, che non riesce a pagare l'asilo ai figli, che reagisce così. Ieri c'erano 3000 persone [1500 secondo la questura, nel solito balletto di cifre, *ndr*], noi di Forza Nuova supportiamo la gente semplice e in qualche piazza succede qualche scaramuccia: è la naturale conseguenza di risposta a questo sistema che vuole chiudere sempre di più con i lockdown». Poi, la minaccia: «Queste situazioni di tensione succederanno sempre di più, ma non è colpa dell'estrema destra. Le piazze si infiammeranno, quello di ieri è solo l'antipasto».

Non è un caso che in questa storia di strada e di palazzo compaia il nome di Castellini, come compare nella kermesse antiabortista, antifemminista e anti LGBT+ del XIII Congresso mondiale delle famiglie o nella vicenda degli insulti a Mario Balotelli, sempre nel 2019. E non è certo il nome di un oppositore duro e puro. Anche se ufficialmente Forza Nuova alle elezioni comunali del 2017 decide di non appoggiare Sboarina, il «Caste», come lo chiamano i butèi, incontra il sindaco in almeno un'occasione. Dove? Nella sede più istituzionale possibile: a palazzo Barbieri. C'è un'immagine che ritrae Castellini insieme al fortezzino e fascioleghista Andrea Bacciga e al segretario particolare del sindaco, Umberto Formosa. Attendono fuori dall'ufficio di Sboarina in Comune. Chiacchierano. Si voltano verso qualcuno che li fotografa. Un quadretto di famiglia.

Castellini e Bacciga sono esponenti di punta di due formazioni che – stando a quanto confermato da questura e procura – sono in piazza nella notte delle bombe carta, delle pietre, dei tavoli scagliati contro polizia e carabinieri. Chissà se Sboarina lo sa quando il 29 ottobre interviene sui disordini scatenati dall'estrema destra in piazza Bra con queste parole. «Il Comune si costituirà parte civile nei confronti dei responsabili che verranno individuati. Nessuno deve pensare che a Verona ci siano maglie larghe per far passare pochi malintenzionati che approfittano di una grave situazione generale per scatenarsi in comportamenti incivili.» E dunque: nella narrazione del sindaco di Verona le 1500 persone che hanno dato vita a una manifestazione non autorizzata (prima violazione della legge, poi agli indagati verranno contestati una sfilza di altri reati) sono semplicemente «pochi malintenzionati». Che a tingere la piazza di nero siano state Fortezza Europa, CasaPound e Forza Nuova – un aspetto «preoccupante» secondo il capo della procura di Verona – al primo cittadino deve sembrare un dettaglio di nessunissimo conto. Che alcuni dei denunciati abbiano precedenti per reati da stadio nemmeno.

Viene dunque da chiedersi: a quali «maglie larghe» si riferisce Sboarina quando dice che a Verona nessuno deve pensare che queste maglie esistano? Perché non prende le distanze in modo netto, chiamandoli col loro nome, dai gruppi la cui presenza in piazza è stata accertata dalle indagini? Lieve imbarazzo? E come si esprimerà, se lo farà, il sindaco quando a processo finiranno magari anche militanti e simpatizzanti di quell'ultradestra che da quattro anni lo sostiene apertamente?

Dopo le denunce per devastazione, saccheggio, lesioni personali aggravate, resistenza e violenza a pubblico ufficiale, per alcuni dei facinorosi della notte delle sedie – quattro mesi dopo – scattano una decina di Daspo. Le misure, oltre al divieto di entrare allo stadio e di partecipare a manifestazioni sportive, prevedono anche quello di frequentare bar e locali di piazza delle Erbe. Tra questi ci sono gli stessi esercizi pubblici che il 28 ottobre furono gravemente danneggiati.

Ecco la morale triste della notte delle sedie. L'epilogo rivelatore degli ingranaggi delicati della scena politica veronese sta anche in questa notizia. Ma sta soprattutto nel meccanismo di un sistema politico che, sotto il peso dell'emergenza Covid, ha mostrato tutte le sue contraddizioni, se così si possono chiamare. Nei mesi successivi a quella che è stata considerata una delle manifestazioni più violente viste a Verona negli ultimi anni, l'estrema destra ha continuato a cavalcare strumentalmente il disagio dei cittadini. Uno schema nazionale. Al quale la città scaligera non poteva, ovviamente, sfuggire. Tra gennaio e febbraio ci sono state altre due manifestazioni: sempre in piazza Bra, sempre davanti al municipio. L'appuntamento più partecipato va in scena il 27 febbraio 2021. La galassia populista no mask e no vax (o «vax free», come si definiscono) si assembra senza mascherine, o con la mascherina provocatoriamente abbassata. Protesta contro la «dittatura sanitaria» e i vaccini. Nessun distanziamento sociale, of course.

Sullo sfondo, nel dibattito pubblico, c'è il clima infuocato prodotto dall'asse Lega-Fratelli d'Italia contro i lockdown e contro il ministro della Salute Roberto Speranza. Il terreno è lo stesso che la destra usa dall'inizio della pandemia per costruire consenso sull'emergenza sanitaria. Un particolare: sulle cancellate all'esterno dell'Arena, un mese prima, era spuntato uno striscione di Italia Libera, il nuovo contenitore creato da Forza Nuova, leggi Luca Castellini: «Vaccini, scuole chiuse, zone rosse. Non ne possiamo più». Firmato: Italia Libera Verona. Nel solito delirio contro la dittatura tecnocratica e sanitaria, in un crescendo di accuse che adesso abbracciano anche la campagna vaccinale, il fronte negazionista inneggia alla «resistenza sociale e nazionale». In piazza sfilano più di quattrocento aderenti al Movimento 3V (Vaccini Vogliamo Verità). Ci sono la parlamentare veneta Sara Cunial, ex M5S passata al gruppo misto, molto apprezzata dal fronte della destra negazionista e dalla stessa Italia Libera, e Paolo Girotto, candidato con il M3V alle elezioni regionali.

Fa notizia il fatto che mentre nella non lontana Brescia è stata superata quota mille contagi e gli ospedali sono di nuovo al limite – come nella prima ondata del virus –, a Verona la follia no mask e no vax porta centinaia di persone ad accalcarsi senza mascherina e a gridare a gran voce gli slogan mantra «Vivere senza paura e liberi» e «Libertà!». «Abbracciate la persona che vi sta vicino e a cui volete bene e che vi accompagna nella vita» esorta Cunial. A poche centinaia di metri dai cassonetti e dai banchi di piazza delle Erbe la gente si abbraccia incurante dei rischi legati alla trasmissione del Covid. Il presidente leghista del Veneto, Luca Zaia, dirà che i no vax a Verona «avrebbero dovuto mettersi le mascherine per rispetto». Ma i no vax stavano già pensando alla prossima messinscena. Subito dopo, per non farsi mancare niente, la complottista Cunial attacca il presidente della Repubblica Sergio Mattarella. A Verona non è una novità. Il deputato della Lega Vito Comencini, a settembre 2019, al tradizionale raduno di Pontida, durante l'assemblea dei giovani leghisti insultò il capo dello Stato: «Mattarella mi fa schifo». Indagato e processato per vilipendio, fu assolto un anno dopo. Nella città dell'amore se non volano le sedie volano gli insulti.

Ritorno a casa

Federico Sboarina, cinquant'anni, avvocato, fisico e look da «sanbabilino» scaligero, è sindaco di Verona dal 27 giugno 2017. Sostenuto dalla Lega di Salvini, Fratelli d'Italia e Forza Italia, è stato eletto con una sua lista civica ed è stato appoggiato anche da gruppi neofascisti e neonazisti e da vecchi militanti di formazioni eversive come Ordine Nuovo e il Fronte Nazionale di Franco Freda. Ex Alleanza Nazionale, si è presentato come «indipendente di centro-destra»: lo è stato fino al 15 giugno 2021, quando si è iscritto a Fratelli d'Italia (Giorgia Meloni in quei giorni era a Verona per presentare il suo libro autobiografico *Io sono Giorgia*). Dal 2002 al 2012 Sboarina è stato prima consigliere e poi assessore nelle giunte di Michela Sironi e di Flavio Tosi. Dai camerati che lo hanno sostenuto nella corsa verso lo scranno più alto di palazzo Barbieri e che ancora lo sostengono, il sindaco – che ha saputo conquistare anche molti ex democristiani – non solo non ha mai preso le distanze, ma, ogni volta che ha potuto, o direttamente o attraverso i suoi uomini, ha dimostrato la sua riconoscenza per l'appoggio e per il «tifo». Termine calzante, visto che Sboarina, come i suoi supporter della destra estrema, è da sempre legato alla curva dell'Hellas Verona, che ancora oggi si vanta di frequentare. E si capisce, dato che l'ambiente stadio e le frange più calde della tifoseria gialloblù, oltreché un habitat, per i politici veronesi di destra sono un bacino di voti importante.

Sboarina viene eletto primo cittadino nella notte afosa del 27 giugno 2017. È il colpo politico della vita. I non simpatizzanti, ma anche qualche ex compagno di viaggio, gente che lo conosce dai tempi del liceo scientifico Galilei dove si diploma nel 1990 prima di iscriversi a Giurisprudenza all'Università di Trento, raccontano che il primo a vivere l'exploit elettorale con dissimulata sorpresa è stato proprio lui. È vero: nel palazzo di piazza Bra ci era già stato per dieci anni, scollinando due consigliature. Ma pochi cronisti di bianca, guardando nel mazzo dei più longevi consiglieri e assessori passati a cavallo delle amministrazioni Sironi-Tosi, avrebbero scommesso su quel quarantaseienne azzimato. Il ciuffo e le basette anni Settanta, outfit casual sportivo, lo studio legale con un discreto giro. Ma poi quando c'è da amministrare una città e devi occuparti di tutto, dai tombini allo stadio nuovo, le priorità diventano altre.

Racconta un politico di lungo corso del centrodestra veronese: «Sboarina è sempre stato bravo a costruire rapporti, è un più che discreto tessitore di relazioni. Ma è anche sempre stato consapevole del fatto che, quanto a carisma e a coraggio politico, ha ancora margini di miglioramento. Ha sempre sofferto la popolarità di Tosi, il sindaco che lo ha preceduto e del quale è stato assessore allo Sport. Ancora oggi, nonostante non sia più sindaco, Tosi ha una rete di consensi e di simpatie tra la gente che Sboarina non ha».

Nato e cresciuto a Borgo Roma. Famiglia semplice di destra. Il padre è cugino di un altro Sboarina che governò Verona, Gabriele, il «sindaco dello scudetto» inquisito dalla procura ai tempi di Tangentopoli. Quando la politica entra nelle vene dell'avvocato in carriera Federico Sboarina, per motivi anagrafici il futuro sindaco non fa in tempo a vivere gli anni delle organizzazioni giovanili dell'MSI: la svolta di Fiuggi lo precede. E così il suo cursus honorum inizia con Alleanza Nazionale. Di ambizione non smodata, carattere non esuberante e nemmeno spigoloso, il ragazzo sbarca in Comune con i voti del partito di Fini. Un'appartenenza, quella ai partiti, di cui si spoglia man mano. Infatti nel 2017 si presenta da indipendente di centrodestra, con una lista sua. Battiti. Dal nome dell'associazione che ancora oggi presiede. Battiti nasce dalla sinergia tra cinque ex assessori della giunta Tosi, ma è più che altro un contenitore che serve all'avvocato penalista per costruire la sua candidatura: un cartello di moderati che, dopo l'elezione del sindaco, vira decisamente a destra. Non a caso quattro anni dopo Sboarina è in FDI. «Io sono sempre stato un uomo di destra, Fratelli d'Italia è il partito che rappresenta la mia storia, è la famiglia a cui sento di appartenere» dice il 15 giugno 2021 quando formalizza l'adesione al partito di Giorgia Meloni. Lei è in conferenza stampa con il sindaco neoacquisto. Lo gratifica: «Quello di Sboarina è un ritorno a casa».

Torniamo però indietro ai giorni che precedono l'elezione di Sboarina. Sentite cosa scriveva quando iniziò la campagna elettorale. «Con la nascita di Battiti ci proponiamo di scrivere [...] un nuovo rinascimento per Verona, con una città aperta che parla, dibatte, si confronta per guardare oltre le proprie mura, per crescere a livello nazionale e internazionale.» Il messaggio campeggia ancora oggi sul sito dell'associazione culturale. Un sito poco animato. L'attività, le iniziative, le news sono ferme al 26 giugno 2017: il giorno prima dell'elezione di Sboarina. Poi, più niente. «Bene comune», «buona politica». Erano i motti del «nuovo cuore che batte a Verona». «Dobbiamo dimostrare che c'è ancora molta gente che crede nei valori dell'onestà, del rispetto, della legalità con grande senso civico. Battiti con noi contro la deriva populista per creare insieme l'immagine della Verona del futuro» annuncia altisonante Sboarina al debutto del viaggio che lo porterà alla guida di palazzo Barbieri. Ma una volta centrato l'obiettivo, da subito, diventa plasticamente visibile qual è la direzione imboccata dal nuovo sindaco di Verona. E un poco stonato appare quel monito sul nuovo rinascimento veronese. «Città aperta che parla, dibatte, si confronta»? Molti la stanno ancora aspettando.

La notte della vittoria Sboarina viene portato in trionfo dai suoi sostenitori. Tra via Mazzini e piazza Bra ci sono la destra e l'estrema destra cittadina. I camerati – a eccezione di Forza Nuova, che si è tirata fuori – hanno scelto di stare con lui e di appoggiarlo nella sfida con la moderata Patrizia Bisinella, senatrice e compagna (poi moglie) dell'ex sindaco Flavio Tosi. Per sostenere la consorte l'ex primo cittadino veronese ha dispiegato, con il suo partito Fare!, una campagna elettorale tre volte più cara di quella di Sboarina: 325.000 euro contro i 117.000 investiti dal vincitore. Uno sforzo inutile. Ma restiamo al 27 giugno 2017. Sboarina festeggia indossando una polo blu con lo stemma in giallo delle arche scaligere che a Verona rappresenta un marchio di fabbrica: la vicinanza alla destra radicale. In particolare quella maglietta, per chi conosce gli ambienti del neofascismo veronese, è una vera e propria divisa identitaria. È dunque il primo dazio che Sboa paga ai camerati che lo hanno sostenuto nella corsa alla conquista della città. Le arche sono il logo del brand di abbigliamento preferito dalla fascisteria scaligera legata alla curva dell'Hellas: Old School Verona. Il negozio che lo vende si chiama The Firm Shop, sta in piazzale Olimpia, a pochi metri dallo stadio Bentegodi. In vetrina sono esposti i brand che vanno di moda tra i giovani d'area: Old School Verona, Lyle & Scott, Ma.Strum, Three Stroke, Farah, oltre ai più noti Ellesse e The North Face.

Per ingrandire il cerchio nero di Sboarina bisogna partire dall'azienda che produce la maglietta sfoggiata nella sua passerella trionfale. Proprietaria del negozio The Firm Shop è la Future Company srl, che detiene anche il marchio European Brotherhood (in cui la E e la B si fondono a formare un simbolo che ricorda molto da vicino una croce celtica). Amministratore unico della società – tre dipendenti, 496.000 euro di vendite nell'ultimo anno – è Nicola Martello. È uno dei quattro soci. Quattro butèi i cui nomi a Verona sono noti alla cronaca nera e giudiziaria, prima ancora che politica. Tutti e quattro ultrà dell'Hellas. Partiamo da Martello. Nel 2011 – aveva diciannove anni – fu arrestato per il violento pestaggio a Caprino Veronese di un ragazzo di colore, di un amico e di un operatore della Croce Rossa arrivato per soccorrere il primo aggredito. Il comandante dei carabinieri della compagnia di Verona, Pier Paolo Mason, descrisse così l'episodio: «Non è stata una rissa, è stata una deliberata aggressione contro una persona inerme in una sproporzione di forze che lascia capire il livello di viltà di questi giovani. Che hanno proseguito fino a prendersela con gli operatori della Croce Rossa». Martello oggi è uno dei capi della formazione di ispirazione neonazista Fortezza Europa. Nel 2017, a sei anni dal pestaggio di Caprino, si farà immortalare accanto a Sboarina e ad Andrea Bacciga nel pranzo a casa del coordinatore di Verona Pulita, Vittorio Bonfanti.

Poi c'è il naziskin, ultrà dell'Hellas ed ex Forza Nuova Yari Chiavenato, di cui abbiamo a lungo parlato. Dopo vent'anni di «onorata carriera» forzanovista, nel 2017,

Chiavenato abbandona il partito di Fiore e fonda Fortezza Europa. Altro socio di The Firm Shop è Andrea Iacona, un ex picchiatore legato anche lui all'estrema destra. È stato condannato per un'aggressione squadrista in piazza Viviani davanti al bar Posta il 4 gennaio 2009. Il branco, formato da nove ultrà neofascisti dell'Hellas, fu accusato di lesioni pluriaggravate con l'aggravante della discriminazione razziale per l'aggressione a un gruppo di coetanei (un posacenere fu scagliato in faccia a una ragazza). Il nome di Iacona figurava già in un elenco di diciassette giovani indagati nel 2007 per associazione a delinquere e violazione della legge Mancino, tra loro Raffaele Dalle Donne e Nicolò Veneri, condannati per l'omicidio di Nicola Tommasoli. E infine, quarto socio dell'azienda che produce abbigliamento d'area: Omar Abd El Rahman. Ex responsabile cittadino di Azione universitaria, organizzazione studentesca di destra. Anche lui ultrà dell'Hellas, oggi assicuratore a Valeggio sul Mincio.

Quelli del Bacanal

Dal fondo delle storie di questi personaggi finiti nelle inchieste giudiziarie e noti alle questure emerge, in controluce, una domanda. Perché, raggiunto il gradino più alto della sua carriera politica, Sboarina si presenta alla città e ai media indossando la maglietta col simbolo che richiama la lavorazione della cancellata delle arche scaligere e che è commercializzata dal quadrumvirato della destra radicale? «È un regalo, c'è il simbolo della città. Avevo promesso che, se avessi vinto, l'avrei indossata» spiega il sindaco a chi gli chiede conto del look. Promessa certamente gradita. Per lo meno a quella parte di città che si riconosce nel simbolo identitario degli ultrà neri. E che è stato usato anche dal comitato Verona ai veronesi. Che cos'è? Una sigla nata da pezzi di Forza Nuova e Veneto Fronte Skinheads per contrastare l'immigrazione e coordinata dal pregiudicato e pluridaspato Luca Castellini. È un puzzle che si assembla.

La sera dei risultati delle elezioni amministrative, di fronte alla facciata imponente di palazzo Barbieri e palazzo della Gran Guardia la polo blu di Sboarina è illuminata dai flash dei fotografi e dalle telecamere dei tg nazionali. È l'effetto a cui si puntava. Ma le immagini non catturano solo il dettaglio dell'outfit identitario scelto dal neosindaco. Quando si fa largo tra la folla entusiasta che scandisce il suo nome, intorno a lui, a fare il servizio d'ordine, ci sono volti che la storia della Verona nera l'hanno scritta con le loro gesta. Uno è Stefano Stupilli, il figlioccio di Franco Freda e Giovanni Ventura cresciuto a pane, neonazismo e Hellas. Anche lui ha precedenti per violenze da stadio. Il carcere negli anni Novanta per la vicenda Fronte Nazionale. Gli stessi giri veronesi di quando, nelle aule dei tribunali, era difeso da Roberto Bussinello, animatore della destra sociale borghese e devoto di Erich Priebke. Nel pranzo con Sboarina e i camerati fortezzini Nicola Martello e Andrea Bacciga, c'è anche Stupilli. Pure lui è tra i promotori di Fortezza Europa. Occhiali scuri a goccia, folta barba grigia, viso tirato. Indossa una polo grigia Lyle & Scott: non casualmente, uno dei marchi venduti da The Firm Shop di proprietà dei suoi amici camerati.

A proteggere Sboarina dalla folla nella sua prima uscita da sindaco, e a lanciare i cori in suo onore, c'è anche un altro nome storico dell'ultradestra scaligera: Alberto Lomastro. Croce celtica al collo, una parete di tatuaggi tra cui un fascio littorio, Lomastro è stato uno dei capi storici delle disciolte Brigate Gialloblù. A un certo punto fondò un sottogruppo suo, la temuta «banda Loma». Oggi allo stadio Lomastro siede in tribuna, ha i capelli tutto sale, si dà un tono nelle vesti di presidente dell'Associazione culturale Verona Hellas («tradizione e senso di appartenenza»). È iscritto alla Lega e, oplà, sta in Fortezza Europa. Insieme a Chiavenato, Martello e Bacciga. Il cerchio si chiude.

Vecchi rapporti collaudati. Serate alcoliche, braccia tese e tanto Hellas. Poi la chiamata, in qualche modo una soddisfazione arriva sempre. Sboarina e Lomastro si conoscono da anni. A Natale 2018 siedono a tavola insieme alla cena del coordinamento club gialloblù. Nel febbraio 2019 in piazza San Zeno festeggiano, abbracciati al Bacanal del Gnoco, Franz Gambale, ultrà dell'Hellas eletto papà del Gnoco. Le affinità elettive a Verona sono anche questa roba: passano dall'adesione iperidentitaria alle feste popolari. Ed è proprio l'identitarismo territoriale la cifra stilistica di Lomastro. Sul profilo Facebook spiccano le foto storiche della curva sud dell'Hellas e della squadra dagli anni Ottanta a oggi; si alternano a omaggi a Ezra Pound, al ricordo delle foibe, a immagini di militanti di estrema destra che sventolano tricolori e «parlateci di Bibbiano». Un tempo Lomastro era in Forza Nuova. Poi passa alla Lega con Flavio Tosi, che di fatto lo sdogana sulla scena politica istituzionale. Il Movimento Sociale Fiamma Tricolore lo candida alla Camera: non va. Ed ecco allora che Lomastro porta acqua alle elezioni amministrative 2017. In un video del 4 giugno 2017 lancia un appello al voto per

Sboa e ufficializza l'impegno suo e di «un gruppo di amici» per fare eleggere l'amico camerata Andrea Bacciga, candidato con la lista Battiti. L'endorsement di Lomastro – anche lui con guai giudiziari alle spalle, e che nel frattempo si è avvicinato a Fortezza Europa (sulla pagina Facebook compaiono post con il suo faccione e il simbolo delle quattro frecce del gruppo) – è il segno tangibile di quanto il mondo stadio-destra radicale si sia fidato e affidato all'ex aennino Sboarina. Portandogli una bella dote di consensi che oggi sono nella pancia di FDI.

Credere, obbedire, piazzare

Copioni che si ripetono. Nomi mai usciti di scena e che anzi ritrovano ogni volta un posticino all'ombra del potere. Legittimati dall'abbraccio (a volte fatale) con la politica «alta». A Verona questa osmosi tra la destra di strada – nostalgica, reazionaria, razzista, omofoba – e il palazzo è una costante. Lo è da prima del 2007. E cioè da quando Flavio Tosi, all'epoca leghista eretico collocato a destra di Bossi e Maroni, apre le porte a pezzi di neofascismo veronese. Forza Nuova, Fiamma Tricolore, Veneto Fronte Skinheads. Dopo anni di rappresentanza puramente extraparlamentare, sempre ai margini e comunque fuori dal perimetro delle amministrazioni, ai camerati scaligeri non pare vero di essere finalmente sdoganati – di fatto legittimati – da un primo cittadino. Diventa il loro paladino politico. Era l'epoca in cui i comizi di Tosi si chiudevano con i cori «Chi non salta tunisino è», il tempo delle ronde padane – primo vero esperimento securitario in salsa venetista dai tempi delle ronde fasciste –, dei concerti «nazirock» (titolo di un documentario di Claudio Lazzaro) patrocinati e finanziati dal Comune; delle immancabili scorribande razziste e naziste degli ultrà dell'Hellas; delle campagne «Per una Verona pulita basta drogati, clandestini e puttane»; delle proposte shock sulle entrare differenziate sugli autobus: veronesi da una parte, immigrati dall'altra. Roba da apartheid del terzo millennio. La saldatura tra Lega, integralisti cattolici e destra radicale è la ricetta vincente che permette a Tosi di vincere a mani basse contro il sindaco uscente di centrosinistra Paolo Zanotto. E così, con un colpo di bacchetta magica verde-nera a Verona tornano in auge le messe in latino, il rito tridentino, le Pasque veronesi, le funzioni religiose riparatrici per lavare l'onta del Gay Pride, le pulsioni omofobe, le barricate anti-immigrati. Un ritorno al passato. Musica per le orecchie dei camerati. Che con Tosi entrano, come mai prima, a palazzo Barbieri.

Il caso più clamoroso, da ribalta nazionale, è Andrea Miglioranzi (oggi in Fratelli d'Italia): il naziskin del Veneto Fronte Skinheads, già frontman del gruppo musicale suprematista Gesta bellica che inneggiava al white power. Uno dei primi italiani a essere arrestato per istigazione all'odio razziale in esecuzione della legge Mancino. Un profilo evidentemente istituzionale, se Tosi – dicono che oggi abbia compreso l'errore, ma all'epoca in quel mondo aveva ampi consensi – lo sceglie come capogruppo della sua lista in Comune. Non soltanto. Miglioranzi nel 2012 diventa presidente di AMIA. E – questo è un vero oltraggio alla Costituzione –, sempre per volere del sindaco, viene nominato ai vertici dell'Istituto veronese per la storia della Resistenza. Come mettere la volpe a guardia del pollaio.

Ma eravamo solo all'inizio di un percorso. Quando la parabola di Tosi finisce (nel 2017, al termine del secondo mandato; ma si candiderà alle prossime elezioni amministrative del 2022) e l'ex sindaco esce dalla Lega e si trasforma in un centrista alla ricerca di un centro di gravità permanente, il caso Miglioranzi è derubricato a (grave) incidente di percorso. In realtà era solo la punta di un iceberg. I cui ghiacci sono rimasti intatti. Tra debiti politici e zone di contiguità, la vera ancora che le amministrazioni – da Tosi a Sboarina, ma i prodromi già si sono visti con la forzista Michela Sironi, dal 1994 al 2002 – hanno offerto alla destra radicale, sono le aziende partecipate. È un campo scivoloso, che racconta come il cuore nero che alberga nella città di Romeo e Giulietta sia riuscito a farsi strada nelle istituzioni. Con il saldo finale, ovvero ruoli apicali assegnati a nostalgici del fascismo.

Un altro caso emblematico è quello di Massimo Mariotti, FDI. Nel 2019 Giorgia Meloni lo candida al Parlamento europeo. È solo l'ultimo trampolino offerto dalla politica a un camerata vero. Che da quindici anni a Verona riesce a stare in sella alle varie maggioranze ottenendo poltrone. Prima di vedere quali, buttiamo un occhio a un recente exploit di Mariotti. Il 2 giugno 2020 – giorno della festa della Repubblica – posta su Facebook un'immagine con questa scritta: «2 giugno, l'unica Repubblica è quella Sociale». La RSI che a Verona ebbe il suo centro. Le polemiche e l'ondata di indignazione rimbalzano addosso al politico e, soprattutto, non lo smuovono di un centimetro dalla presidenza di Serit, la società partecipata dal Comune (tramite AMIA) che gestisce i rifiuti nei sessantadue Comuni della provincia veronese. Mariotti la guida dal 2018.

La storia delle uscite shock di questo politico sessantacinquenne nato e cresciuto in zona stadio, stesso liceo in cui si è diplomato il sindaco, dipendente di RFI – Ferrovie dello Stato dal 1982 –, è lunga tanto quanto la scia di incarichi che ha ottenuto dalle amministrazioni di destra. Già presidente di Acque Veronesi e di AMT (l'azienda di trasporti cittadina), negli ultimi anni è diventato molto attivo sui social. In rete inneggia al «Boia chi molla» di Ciccio Franco, il simbolo della rivolta di Reggio Calabria; ricorda con nostalgia il colpo di Stato spagnolo di Francisco Franco; esalta, tra saluti romani, slogan e anniversari del Ventennio e selfie con Giorgia Meloni, la «Croazia come testimone della storia della vecchia Europa, contro la feccia francofrocia-africana».

Mariotti viene dal mondo dell'estrema destra come l'avvocato Luigi Bellazzi. Uno dei tanti legali che in città non fanno mistero delle loro simpatie fasciste (da Bussinello a Bacciga l'elenco è lungo). Un negazionista dell'Olocausto. La differenza è che Mariotti, come il sindaco, riceve e gestisce soldi pubblici. E con quei soldi finanzia anche eventi promossi dall'estrema destra veronese. Se ne ricordano due. Un convegno sulle «bugie dell'immigrazione» – 4 ottobre 2019, in sala Lucchi, immancabili saluti del sindaco Sboarina – e il concerto in memoria di Jan Palach, lo studente simbolo della Primavera di Praga sul quale il mondo del neofascismo sta cercando da anni di mettere il cappello. I 1500 euro di Serit per l'organizzazione dei due eventi sono arrivati tramite l'associazione identitaria Nomos. Chi c'è dietro a Nomos? Andrea Bacciga. L'uomo di Fortezza Europa e del saluto romano in aula, oggi in forza alla Lega salviniana. Tutto si tiene, come dicono i francesi.

L'aspetto che più colpisce, in questi intrecci tra destra estrema e destra istituzionale, sono proprio le sinergie. E il tracimare dell'una in seno all'altra. Ovviamente quasi sempre su invito. La legittimazione garantita dal palazzo: è a questo che ambisce da anni la destra neofascista o postfascista. Perché per contare sul territorio, allo stadio, nelle piazze, ai convegni identitari, per avere spazi di agibilità nel dibattito pubblico e sulla scena politica, poter stare sotto l'ombrello delle istituzioni conta più di ogni altra cosa. Diversamente, ti devi accontentare di giocare da comprimario, di essere utile manovalanza e basta. Che questo a Verona non sarebbe successo lo si intuiva già negli anni della sindaca di Forza Italia Michela Sironi: una moderata, attenta agli equilibri e sostanzialmente in linea con il gran capo Silvio Berlusconi. Anche per quanto riguarda il rapporto, l'interlocuzione e la «gestione» degli eredi del MSI. In giunta Sironi ha tre assessori che l'area della destra militante la coprono e la rappresentano. Sono il vicesindaco Bajona, alle spalle un arresto per un'aggressione politica ai danni di un gruppo di giovani della FGCI, Fabio Gamba e Massimo Mariotti. Mentre il primo, Bajona, è uscito dalla scena politica, gli altri due sono in campo. Fabio Gamba è direttore generale del Comune. In passato è stato assessore allo Sport e poi capo della segreteria di Massimo Giorgetti – veronese, ex paracadutista, ex MSI, oggi FDI –, quando era assessore regionale (lo è stato con Galan e con Zaia, ricoprendo poi il ruolo di vicepresidente del Consiglio regionale del Veneto). Di Mariotti, l'uomo dei rifiuti, si sa che è un instancabile accumulatore di poltrone. Oltre allo stipendio di presidente Serit (circa 2000 euro al mese), ne prende altri 3000 come membro del cda del Consorzio Zai, di fatto l'interporto più importante d'Europa. Un bel gruzzolo. Da sommare allo stipendio che percepisce da RFI.

Uno così te lo immagini come minimo attento alla forma, insomma, a non sbracare. Di solito i dirigenti delle società partecipate sono equilibristi: gente attenta a non accendere troppi riflettori perché la sovraesposizione mediatica, per chi è nei board partecipati da enti pubblici, può essere un nemico insidioso. Mariotti no. Lui è l'eccezione che conferma la regola. Grafomane e nostalgico, si fece conoscere anni fa quando mostrò subito chi fosse ed evidentemente anche quanto avesse le spalle coperte. È una storia i cui fili vale la pena tirare. Perché racconta le ombre di oggi.

Il 22 ottobre 2009, da presidente della AMT, invia un invito per la «festa ufficiale» celebrativa del 28 ottobre 1922 organizzata dalla «destra sociale di Verona». Nell'invito c'è l'immagine dell'Arena illuminata e il logo dei circoli Nuova Italia. Il punto è che l'invito al raduno nostalgico lo invia da un account di posta elettronica del Comune di Verona. Sotto l'invito compaiono due righe in cui è specificato che «il Comune di Verona non assume alcuna responsabilità riguardo al contenuto e alle opinioni espresse nel messaggio, che deve essere ricondotto esclusivamente al suo autore». Ma il cortocircuito è innescato. Mariotti è recidivo. Di inviti a tema e di messaggi simili inviati con la mail del Comune ne aveva già prodotti. Poco tempo prima, all'inizio di ottobre, aveva coinvolto i camerati scaligeri in una gita al Vittoriale. «Domenica 18 ottobre gita al Vittoriale degli Italiani di Gabriele D'Annunzio. Ricordo dei legionari fiumani. Sono graditi labari e gagliardetti di rappresentanza e naturalmente la camicia nera.» Destra modernissima.

La camicia nera. Un dress code, secondo il codice Mariotti. Il suo outfit preferito. Anche qui l'attuale presidente di Serit è sempre stato spavaldo. Il 17 settembre 2009 organizza una cena tricolore: comunicazione diffusa sempre dal solito account istituzionale di palazzo Barbieri. «Puoi» è scritto nella mail «allargare l'invito ai simpatizzanti della Destra Sociale... È gradita la camicia nera. Max.» Il caso è doppiamente sgradevole. Perché nel 2009 Massimo Mariotti non era più consigliere comunale da due anni: si era dimesso dopo che Flavio Tosi lo aveva nominato presidente di AMT. E dunque quell'account di posta elettronica, ancora curiosamente nella sua disponibilità, in teoria non gli spettava nemmeno più. Ma tant'è. Il camerata Mariotti si giustificò così: «Quelle sono iniziative politiche e io sono qui per un incarico pubblico, quindi posso usare quell'account». Salvo poi incartarsi. «Quella mail ce l'ho ancora in uso perché ho un incarico in un'associazione... Ho fatto un errore, ho anche un indirizzo mio, mi sarò confuso a mandare le mail.» La confusione è continuata. L'ex assessore ha ovviamente minimizzato («La camicia nera? È in senso ironico. Negli inviti di solito si parla di abito scuro e io uso la camicia nera con quel tono...»). Buttare tutto in caciara. Anche un «caro saluto nel segno di Roma» (tradotto: saluto romano) con cui nel 2008 aveva chiuso una lettera inviata a un consigliere comunale (Tosi la definì una «goliardata»).

L'idea dei padri

Contatto Mariotti. Gli chiedo conto di quel vecchio invito «È gradita la camicia nera». Gli domando se è ancora valido. Mi risponde cercando di mantenere un tono garbato. Ma si spazientisce subito. «Se mi deve chiedere di cose riferite da persone che le hanno sentite da altre persone e così via, non ci siamo. Sono episodi montati e artefatti. La gente mi attacca per motivi politici, mica vanno a vedere le cose buone che ho fatto e che faccio: i bilanci a posto, le iniziative, i contratti chiusi, le relazioni anche con partner esteri grazie ai rapporti che ho. No. Insistono con queste storie. Io non devo spiegare niente, voglio stare sui contenuti, sulla politica.»

Le cose da spiegare sarebbero molte. Ma è una pretesa vana, a quanto pare. Per dire. In ossequio alla regola aurea che vuole l'Italia come un paese degli amici degli amici, che cosa fa Mariotti? Da presidente Serit mette sul libro paga della società partecipata un suo amico. Camerata? Ovviamente sì. La sorpresa salta fuori dalla lista delle consulenze tecniche pagate dalla società partecipata negli ultimi tre anni. Nel 2019 dalle casse pubbliche escono 30.000 euro per pagare una collaborazione per lo sviluppo di una «campagna di sensibilizzazione» intitolata – barzelletta triste – «Serit per non sprecare». La rendicontazione colloca la campagna tra il 15 aprile 2019 e il 14 aprile 2020. Una campagna lunga un anno. Il 1° maggio 2020 parte un altro battage by Serit: stavolta contro lo spreco alimentare. Scadenza: 30 aprile 2021. Costo della consulenza: altri 30.000 euro. Chi è il titolare di questa consulenza continuativa che vale 2.500 euro lordi al mese per due anni? Un pr talentuoso appena uscito dalla Bocconi o dallo Iulm? Un giovane e brillante comunicatore in grado di fare la differenza? Un espertone di economia circolare? Macché. Il fortunato risponde al nome di Roberto Perticone, settant'anni, strenuo camerata come l'amico Mariotti. È stato segretario lombardo della Destra di Storace, oggi è dirigente di FDI in Lombardia. Con lui Mariotti fa il salto di qualità: dopo avere finanziato con soldi comunali i convegni e i concerti dei neofascisti, infila un amico sul conto spese dell'azienda di cui è presidente. Per il capogruppo del PD in Comune, Federico Benini, tanta vergogna non può passare. Presenta un'interrogazione al sindaco e all'assessore alle Partecipate. Silenzio. Intanto Perticone ricompensa Mariotti facendo il tifo per lui alle regionali del Veneto 2020: «Io voterò per te Massimo» scrive su Facebook. «Senza se e senza ma, senza alibi. Nel segno di un'idea geniale e unica al mondo. Quella dei padri.» A noi!

Mariotti è un generoso. Coi soldi di Serit, ovviamente. La partecipata ogni anno stanzia 150.000 euro per pubblicità e sponsorizzazioni. E chi meglio del camerata Perticone, che risulta occuparsi di marketing? L'ex uomo di Storace – uno che definisce il duce «due volte crocifisso» e che con orgoglio rivendica di essere sotto processo per aver fatto il saluto romano – è stato anche segretario dell'ex ministro per gli italiani nel mondo Mirko Tremaglia, già soldato volontario nella RSI, scomparso nel 2011 e promotore della legge sul voto degli italiani all'estero. Sull'onda di quella legge nasce il portale telematico dei Veneti nel Mondo. Tremaglia è morto dieci anni fa. Ma il portale informativo vive. Chi lo sponsorizza? Serit (Mariotti presidente) e il Consorzio Cai (Mariotti membro del cda). Tombola. A palazzo Barbieri, nulla da eccepire. Va tutto bene.

«Sboarina? È un ottimo sindaco» mi dice Mariotti. «Ha competenza, spessore, cultura, esperienza amministrativa. Mi trovo bene con lui come mi sono trovato bene con Tosi. Io sono stato eletto nel 2017 con FDI: potevo scegliere se fare l'assessore o il presidente di una società partecipata. Ho scelto la seconda.» Domanda: l'ha nominata Sboarina? «Non direttamente lui. I vertici delle partecipate vengono decisi collegialmente, ci sono delle assemblee. A ogni modo io sono stato eletto: i voti li ho sempre presi. Faccio politica da quindici anni e la faccio per cultura, per passione e per andare incontro ai cittadini. E ci tengo a dire questo: io sono sempre stato di destra, ma di una destra istituzionale, eletta in parlamento: MSI, AN e ora FDI.» Come a dire: camicia nera sì, ma sotto il doppiopetto. A un dirigente di un'azienda comunale che inneggia alla RSI non puoi non chiederlo. Quanto peso ha a Verona la destra radicale e nostalgica? «Verona è sempre stata di destra. Come anche Padova, Trieste, Bolzano. O al Sud Reggio Calabria, Catanzaro o la stessa Roma. Ma con il MSI a Verona non è che prendessimo il 10 per cento. Prendevamo il 5 per cento.»

Se gli parli di «Verona nera» Mariotti va in brodo di giuggiole. Ma si contiene. «Qui c'è una bella destra, importante. Ma questo è uno stereotipo che deriva più che altro da cose da stadio, cose che sono state estese alla città. Io allo stadio ci andavo da ragazzo, abitavo in quella zona. Poi basta. Mi sono dedicato alla politica e sa qual è la differenza tra oggi e i miei tempi? Che se facevi un saluto romano o un saluto comunista in aula non succedeva un finimondo. Ognuno aveva le sue idee, ci si confrontava, ci si scontrava anche. Ma poi magari si andava a bere insieme. Oggi se fai un saluto romano in aula salta fuori un casino, vieni addirittura mandato a processo. Ci si scandalizza se uno chiama un altro "camerata"... Dov'è il problema? Camerata è un termine militare che si usa da secoli. Poi ognuno è libero di avere le sue idee. Perché io dovrei farmi problemi a dire che non ho mai festeggiato il 25 aprile? Dove sta scritto? C'è il pensiero unico? Io non mi ci riconosco, e non lo festeggio. Ma dai, lasciamo perdere queste cose, l'ho già detto. Parliamo di politica, se vuole...» In effetti su un punto Mariotti ha ragione. I saluti romani a palazzo Barbieri si erano già visti: quando nel 2002 si insediò il sindaco di centrosinistra Paolo Zanotto, alcuni assessori di AN abbandonarono l'aula per protesta stendendo il braccio destro. Beghe interne al centrodestra e quant'altro: ma va detto, ed è significativo, che nessuno si scompose. Come se fosse normalità.

Spritz e braccia tese

Vecchie e nuove amicizie. Legami nati in strada e in curva allo stadio e poi rinsaldati sugli scranni delle istituzioni cittadine. Rapporti e intrecci che resistono all'imbarazzo, alle polemiche, alle interpellanze, alle inchieste giudiziarie: figurarsi a quelle giornalistiche. Questo è il milieu della destra a Verona. Un mondo che ha persino smesso di essere un fiume carsico: perché non si inabissa più. Ragiona il consigliere dem Federico Benini, politico e sondaggista: «Ormai sono sfacciati, non hanno più nessun pudore. Mentre prima cercavano di tenersi – stando lì pronti ad approfittare di uno spazio –, adesso vogliono prendersi la scena. Finché troveranno sponde, sponsor, coperture, continueranno a guadagnar terreno. Sì, Verona ormai è un laboratorio. Chi si gira dall'altra parte o fa finta di niente, è parte del problema».

Tra le quinte di questo palcoscenico local-sovranista dove da anni vanno in scena prove di sdoganamento e legittimazione della destra radicale l'atteggiamento del sindaco Federico Sboarina segue una tecnica ormai collaudata: scantonare, smontare, sgonfiare. Ridurre i vari casi a montature mediatiche o a forzature alimentate dai pregiudizi e dallo stereotipo che vuole Verona città divisa e divisiva, attraversata da spinte e da linguaggi intolleranti, orgogliosamente chiusa nel suo fortino identitario. L'esatto contrario della città «aperta, che parla, dibatte e si confronta» che Sboarina si appuntava all'occhiello quattro anni fa quando già andava a braccetto con il cerchio nero. E quando i camerati si preparavano a stappare bottiglie di Valpolicella. Tutto verrà di conseguenza. Un esempio per tutti: Il picchiatore Umberto Formosa, che da impresentabile daspato diventa segretario particolare del nuovo inquilino di palazzo Barbieri. È, fisicamente, l'uomo che sta fuori dalla porta dell'ufficio di Sboarina e che riceve i camerati in visita a palazzo. Altro amico del sindaco è Alessandro Castorina. Storico esponente del Veneto Fronte Skinheads e dei Gesta bellica. Quando «Federico» è stato impalmato alla guida di Verona, in piazza c'era anche lui. Parka verde militare, cranio lucido, Castorina è originario di Catania ma vive a Verona da una vita. Negli ambienti dell'estrema destra è molto conosciuto. Dal 1993 è proprietario del negozio Camelot in via IV Novembre, l'altro store di abbigliamento dei butèi.

Quando Camelot apre le sue vetrine sono passati sei anni dal primo arresto di Castorina: nel 1987, dopo gli scontri al termine della partita Verona-Pisa, il ventiduenne del VFS finisce in carcere insieme ad altri quattro teppisti.

Associazione per delinquere. I cinque appartengono a una banda protagonista di una serie di episodi di violenza, a Brescia e in altre città del Nord. Gli ordini di cattura sono firmati dai sostituti procuratore della Repubblica di Verona Guido Papalia e Mario Giulio Schinaia. Coinvolto e infine assolto nel processo contro il Veneto Fronte Skinheads, Castorina diventa vicesegretario nazionale di Forza Nuova. Da anni dice di essere contro ogni forma di violenza. «Si è sempre guardato a destra, sbagliando» puntò l'indice in una vecchia intervista. «La violenza non sta a destra, sta a sinistra.» Su Facebook, nel 2012 posta la scritta «Endlosung», che in tedesco significa «soluzione finale». L'Olocausto. Il resto sono foto delle sue due famiglie: quella musicale, i Gesta bellica, e quella politica, il Veneto Fronte Skinheads coi suoi militanti tutti bomber e cranio rasato. Ne fa ancora parte a cinquantasei anni. Durante la prima e anche la seconda ondata del Covid Castorina si è schierato come tutti i camerati veronesi: «Io esco», «disobbedienza civile», «col cazzo che mi vaccino». La galassia «io apro», no mask e no vax che, come abbiamo raccontato, ha animato le piazze di Verona. Fino alla violenza della notte delle sedie scatenata dall'ultradestra.

È la Verona a cui Sboarina in piazza Bra durante le proteste contro le chiusure decise dal governo Conte disse «siete la mia gente», «siete la mia comunità». Ma dove inizia e dove finisce, esattamente, la «comunità» a cui parla il sindaco? Su quali altri pontieri può contare il fratello d'Italia Sboarina per tenere calda la Verona dei butèi tutto spritz, Hellas e braccia tese e i suoi leader storici? E quali conseguenze ha avuto, sul palazzo, nella politica dell'amministrazione, l'influenza dei «bravi ragazzi»?

Si chiama Andrea Bacciga. Quarant'anni, avvocato penalista. Lo stesso mestiere di Sboarina, a cui è legatissimo. Prima del salto in politica era conosciuto più che altro per le dichiarate ed esibite simpatie fasciste e per le serate spensierate innaffiate dalla birra. Le ha sempre pubblicizzate lui stesso sui profili social. «Stato di venerdì gnocolar permanente. Non una birra di meno» scrive in un post a Carnevale 2019 – durante il tradizionale Bacanal del Gnoco scaligero – dove compare in piazza San Zeno mascherato con la tunica rossa e il copricapo bianco indossato dalle femministe di Non una di meno. Che a loro volta si sono ispirate simbolicamente, alle protagoniste di *The Handmaid's Tale*, la serie tv tratta da un romanzo di Margaret Atwood che racconta una società distopica, dove il ruolo e i diritti della donna sono relegati a quelli di procreatrice. Bacciga indossa questo vestito carnevalesco per provocare, di nuovo, le attiviste. Si era rivolto a loro facendo il saluto romano mentre protestavano civilmente in sala consiliare contro la mozione, poi passata, che destinava soldi pubblici a iniziative private targate «pro vita»: e dunque contro l'aborto. Per quel saluto romano – era il 2018 – Bacciga è stato rinviato a giudizio. Dovesse essere condannato, verrebbe immediatamente radiato dall'albo forense. Nel frattempo l'avvocato-consigliere di estrema destra è passato dalla lista Battiti alla Lega, ed è stato nominato presidente della commissione sicurezza del Comune. Un upgrade che arriva dopo una carriera politica non proprio modello. Forse non esattamente esaltante. Ma certamente mediatica. Un provocatore nero, Bacciga. Uno che da anni gioca su questo ruolo apparentemente naif. Dietro il quale c'è, in realtà, una strategia precisa: fare entrare nelle istituzioni veronesi la propaganda, i simboli, i valori dell'ultradestra che strizza l'occhio al fascismo e al nazismo. È quello che cerca di fare dal 2017, quando viene eletto in consiglio. Le iniziative, sia quelle di cui è firmatario, sia quelle che porta avanti nei panni, diciamo, non istituzionali, hanno tutte una matrice inconfondibile. Alcune le annovera lui sulla sua pagina che è compresa in quella generale del Comune di Verona. Di altre danno conto le cronache.

Bacciga è primo firmatario, nel 2018, di una mozione a favore dell'ex ministro per la Famiglia Lorenzo Fontana, che aveva chiesto l'abolizione della legge Mancino, che, guarda caso, punisce l'apologia di fascismo e nazismo e l'istigazione all'odio razziale. Tra le sue altre battaglie politiche c'è anche una mozione per fare esporre il crocifisso durante il periodo natalizio in tutte le scuole e uffici comunali. Un'altra riguarda l'acquisto – da parte dell'amministrazione – di un fumetto (da distribuire in biblioteche e scuole superiori) sulla storia di Sergio Ramelli, il militante del Fronte della Gioventù ucciso nel 1975 a Milano da membri di Avanguardia Operaia.

Il pantheon è lo stesso dei suoi amici camerati: Dio, patria, famiglia e Hellas Verona. Ma Bacciga ha un vantaggio: siede in Consiglio. È uomo del sindaco ed è uomo della destra di strada. Una specie di ufficiale di collegamento. Chi è e chi difende il Bacciga-politico lo si capisce subito, poco dopo l'ingresso in Comune, quando in Consiglio viene presentata una mozione per condannare i cori degli ultrà dell'Hellas che inneggiano a Hitler, a Rudolf Hess e al nazismo. Il consigliere di Battiti si oppone strenuamente. Travolto dalle polemiche, Bacciga, anziché pentirsi, gongola. Dalle colonne di «Verona News» risponde sarcasticamente a chi lo critica: «Il saluto romano prevede il braccio alzato di 135 gradi, io ho alzato il braccio destro a circa 120. Dunque, non c'è saluto per 15 gradi». La chiosa revisionista è in linea con il debutto: «Ormai siamo in un clima di regime, per cui da ora in poi dovrò salutare a pugno chiuso». Ecco a voi il presidente della commissione sicurezza di una città di quasi 260.000 abitanti visitata ogni anno da tre milioni di turisti.

Amici e fan su Facebook considerano Bacciga una macchietta, un esempio più o meno brillante di goliardia scaligera. Che per i meno distratti è tutto fuorché goliardia. È semmai un pretesto usato a mo' di ombrello da chi si spinge molto sopra le righe. Lui, l'avvocato-ultrà, non rifiuta i toni esasperati o triviali perché sa che in quei toni il suo elettorato e il suo bacino di clienti si riconoscono. Altra storia emblematica. A febbraio 2019 i giudici della Cassazione stabiliscono che il noto Pastificio Rana deve risarcire un dirigente che tra il 2001 e il 2007 è stato «ripetutamente offeso per la sua presunta omosessualità» da Gian Luca Rana. Per commentare la sentenza di condanna per le condotte vessatorie omofobe, Bacciga posta una foto sui social: ha in mano una confezione di tortellini ripieni di «salsiccia e patata»; si chiede se mangiando quel prodotto sarebbe stato tacciato di omofobia. Vero garbo istituzionale.

Le toghe nere dei butèi

Passato e presente. Estremismo nero anni Settanta e fascisti del terzo millennio. Stadio, politica, processi e saluti romani. Con un piede nel palazzo. Al numero civico 25 di vicolo Volto San Luca, nel centro storico di Verona, c'è lo studio legale Bussinello-Bacciga-Domaschio-Destri specializzato in diritto penale. Il più anziano di studio è Roberto Bussinello, sessantadue anni. Cresciuto a Borgo Trento, figlio di un dirigente d'azienda e di una casalinga, si forma al liceo classico Maffei e a Giurisprudenza a Bologna. Poi, inizia il percorso del camerata: Fronte della Gioventù, MSI, AN per poco, Forza Nuova, la Destra e infine CasaPound (ufficialmente è responsabile politico per il Veneto). Per queste ultime due formazioni è stato candidato, con scarsa fortuna, a sindaco di Verona. Il 29 maggio 2021 Bussinello era in piazza Santi Apostoli a Roma sul palco della manifestazione di CasaPound «L'Italia chiama», lanciata col motto «Sangue e suolo» usato da Goebbels, il numero uno della propaganda nazista. Rievocazioni storiche a lui molto care.

Nella sua quasi quarantennale carriera, Bussinello ha difeso decine e decine di camerati, dagli eversori del Fronte Nazionale di Freda, ai fratelli forzanovisti, ai naziskin del Veneto Fronte Skinheads. Oltre ovviamente agli immancabili ultrà dell'Hellas. Un portafoglio che inizia a ereditare quando, giovane praticante, si avvia al mestiere nello studio di un altro avvocato di dichiarate idee fasciste, Luigi Bellazzi. Lo studio di Bussinello è una specie di mausoleo con cimeli del Ventennio e non solo. Il nonno materno visse la Prima e la Seconda guerra mondiale e nel mezzo si arruolò nella guerra civile spagnola al servizio del generalissimo Francisco Franco. Ecco perché, oltre al busto di Mussolini, in vicolo Volto San Luca trova spazio un attestato di ringraziamento che il dittatore spagnolo indirizzò al nonno di Bussinello. Per dittatori e boia nazisti l'avvocato ha sempre avuto un'ammirazione: a ottobre 2013, dopo la morte di Erich Priebke, Bussinello gli dedica questo post su Facebook: «Un vecchio soldato di cent'anni, sconfitto da capitalismo e comunismo, sta ancora terrorizzando Chiesa e Stato. Capitano non è importante chi ti fa il funerale e dove sarai sepolto, tu vivrai per sempre nel cuore di chi sogna e di chi lotta. Il nostro onore si chiama fedeltà».

Bussinello, all'epoca, faceva parte dell'organismo di vigilanza di AGSM – il vecchio vizio scaligero di nominare con disinvoltura esponenti dell'ultradestra in società pubbliche. E dunque: le polemiche per quel post celebrativo si moltiplicano. Il primo a chiedere le dimissioni del consulente AGSM è, indignato, il sindaco Tosi. Intanto Bussinello rincara la dose e in un altro post sconcertante scrive: «I tedeschi anziché fucilare 330 prigionieri, ne uccisero 335. Per i cinque in più, Kappler, quale comandante venne condannato. Gli ufficiali subalterni vennero assolti per avere eseguito un ordine. Priebke, ufficiale subalterno, venne arrestato nel 1990 e, contrariamente agli altri, venne condannato in un processo farsa. Ecco perché lo onoriamo». Non c'è che dire, proprio un sincero democratico.

Figlio politico di Nicola Pasetto, violento leader del Fronte della Gioventù veronese ribattezzato il «deputato picchiatore» quando da consigliere comunale venne eletto con l'MSI in parlamento, la parabola di Bussinello è quella di un fascista che oggi ambisce all'improbabile ruolo di grande vecchio dell'estrema destra militante veronese. Recita a copione: parla di «sovranità», auspica un ritorno all'Italia «potenza», è relatore ai convegni di CasaPound. Vorrebbe, insomma, diventare in qualche modo come Pasetto (morto in un incidente stradale nel 1997). Ma persino tra i camerati c'è chi fa notare, oltre alla mancanza di carisma, uno stile superficiale. Traspare anche dall'uso scomposto che Bussinello fa dei social network, attraverso i quali si scaglia in modo imbarazzante – venendo ignorato, e dunque esponendosi al ridicolo – contro avversari politici e nemici di turno. Non un profilo da prima fila, insomma.

La testimonianza più interessante di questo avvocato nostalgico è il racconto di come – a suo dire – i fascisti si sono presi Verona. In particolare il centro storico. «Negli anni Settanta» racconta in un'intervista all'«Arena», «Verona era divisa in due: piazza Bra fino all'allora bar Motta (oggi un negozio Intimissimi, all'inizio di via Mazzini) era territorio dei "neri", che portavano giubbotti in pelle, jeans attillati e Ray-Ban. Di lì in poi, fino a piazza delle Erbe e poi verso Ponte Pietra (dove aveva sede Lotta Continua), iniziava la "zona rossa", barbe incolte ed eskimo come tratti distintivi. Un giorno del 1975 – dopo una messa in suffragio di Sergio Ramelli a Santa Maria Assunta – rossi e neri si scontrarono in piazza Bra. Vincemmo noi, da allora il centro fu nostro. È questa la ragione per cui la destra a Verona ha sempre avuto agibilità, un'isola felice in un Nord Italia largamente antifascista.»

Per Bussinello, oltre alla sua ammirazione per il duce e i gerarchi nazisti, è emblematico un tweet pubblicato il 18 maggio in occasione della morte di Franco Battiato. «Concerto in Arena nel 1982. Al momento di "Non sopporto i cori russi, la musica finto rock, la new wave italiana, il free jazz punk inglese, neanche la nera africana" eravamo in quattromila in piedi a fare il saluto romano. Scena da brividi veramente. Grazie Franco.» Tirare per la giacchetta un cantautore appena scomparso per pura propaganda neofascista. Bussinello è questa roba qua.

Raccontano a Verona che, così come il modello professionale di Bussinello era Luigi Bellazzi, quello di Andrea Bacciga sia Bussinello. In questi anni i due avvocati dell'ultradestra si sono divisi i non pochi clienti che nelle file della tifoseria ultrà hanno avuto problemi con la giustizia. Tra le tante cose fatte insieme da Bacciga e Bussinello c'è anche la difesa dei militanti di Forza Nuova che nel 2008 furono accusati di avere favorito la fuga a Londra di due degli aggressori di Nicola Tommasoli (Nicolò Veneri e Federico Perini): si chiamano Stefano Torre, Filippo Bodini e Samuele Maffizzoli. All'epoca erano noti per essere stati tutti e tre candidati con Forza Nuova alle elezioni amministrative in quattro diverse circoscrizioni. Candidati come Perini. Candidati come lo stesso Bussinello, anche lui con Forza Nuova. Il partito in seno al quale nasce politicamente anche Bacciga.

La suggestione del Terzo Reich

Il parto avviene nel 2017. Quando Sboarina ufficializza la sua candidatura a guidare la città, la Forza Nuova veronese si spacca: l'ala storica, capitanata dal pregiudicato e pluridaspato Castellini, decide di non appoggiare Sboarina e andare da sola. L'ala che fu definita «scissionista» sceglie invece di schierarsi a sostegno di quell'avvocato ed ex assessore in pista come «indipendente» di destra. Il suo sarà il carro del vincitore. Con la vittoria di Sboarina nasce una nuova formazione politica, che formalmente è un'«associazione culturale»: Fortezza Europa. Il nome deriva da quel «Festung Europa» con cui la propaganda del Terzo Reich indicava l'Europa nazista. A chi fa capo la nuova sigla? A Bacciga, anche se ufficialmente il nome dell'avvocato penalista non compare nello statuto.

Il presidente di Fortezza Europa è Emanuele Tesauro, fondatore della rock band nazionalista Hobbit («Ho il cuore nero, me ne frego e sputo»; «frana / la curva frana / sulla polizia italiana»). Tatuaggio della RSI sul braccio. Una passione per la musica dell'ex NAR e fondatore di Forza Nuova Massimo Morsello, che «Lele» – come lo chiamano i camerati – ricorda con dei live acustici sui social. A novembre del 2017 scopro che il nome di Tesauro campeggia su una locandina particolare: un convegno (intitolato «Per una legittima difesa») rivolto agli avvocati di Verona. Chi partecipa acquisisce crediti formativi riconosciuti dall'Ordine degli avvocati. Possibile? Sì. Lunare? Forse. Relatori dell'incontro – promosso da Fortezza Europa e ospitato nella sala convegni dell'ATER (l'Azienda territoriale per l'edilizia residenziale) – sono Nicolò e Marco Petrali: autori di un libro sulla storia giudiziaria di loro padre, Giovanni Petrali, tabaccaio milanese che nel 2003 uccise uno dei rapinatori che assaltarono il suo negozio.

Ma è il parterre degli ospiti istituzionali che è interessante: intervengono Lorenzo Fontana (all'epoca vicesindaco ed europarlamentare della Lega Nord); il consigliere comunale, sempre Lega, Vito Comencini; e il suo collega Andrea Bacciga (all'epoca ancora nella lista Battiti). Il convegno è moderato da Emanuele Tesauro. Il timbro di Fortezza è lui (insieme a Bacciga). È il debutto «istituzionale» dei fortezzini di ispirazione neonazi. Dietro le quattro frecce simbolo dell'associazione ci sono i nomi del cerchio nero di Sboarina, con tutti i loro guai giudiziari alle spalle: tra gli altri, Yari Chiavenato – il leader ufficiale del gruppo –, Nicola Martello, il fedelissimo segretario Umberto Formosa. Pezzi di ultradestra che si intrecciano con la Lega sovranista e che sono stati non solo sdoganati ma anche legittimati. Il convegno organizzato per gli avvocati è uno degli esempi più lampanti. La scelta di attribuire crediti formativi agli avvocati attraverso un incontro promosso da un'associazione come Fortezza Europa appare quanto meno infelice, per abbondare con gli eufemismi. Ne ho chiesto conto ad Alessandro Rigoli, presidente del consiglio dell'Ordine degli avvocati di Verona. Ha replicato così: «A noi interessa la natura formativa dell'evento, che deve avere un carattere giuridico. E questo ce l'ha. Accreditiamo ogni anno circa duecento eventi, vagliati dalla nostra commissione. Se non ravvisiamo un bollino rosso, possono accedere ai crediti». Su Fortezza Europa si limita a dire: «Non li conosco bene. Ma se l'evento ha natura giuridico-formativa, bene. Se invece fosse mirato alla ricostituzione di un partito o alla legittimazione culturale di una formazione politica, è chiaro che il discorso cambia».

Il punto, allora come oggi, sta esattamente in quest'ultimo passaggio: la legittimazione culturale di una formazione politica. Perché questo è Fortezza Europa. L'accesso ai crediti formativi è stato un primo passaggio. Dopodiché, sempre grazie ai buoni uffici di Andrea Bacciga e alla piena disponibilità del sindaco Sboarina, i fortezzini accedono anche al patrocinio del Comune. Succede il 26 aprile 2018. In sala Lucchi, Fortezza Europa organizza l'incontro dedicato a «Sergio Ramelli: la via da non scordare». Si parla della proposta di dedicare una strada all'ex militante milanese del Fronte della Gioventù ucciso da membri di Avanguardia Operaia e diventato un simbolo dei neofascisti dagli anni Settanta. La serata è patrocinata dal Comune di Verona. A fare gli onori di casa, il presidente del Consiglio comunale, e deputato di FDI, Ciro Maschio. Dopo gli interventi di Guido Giraudo e Marco Carucci – autori del libro *Sergio Ramelli. Una storia che fa ancora paura* – parla il prezzemolino Roberto Bussinello, promotore dell'iniziativa per Ramelli. Il moderatore del convegno? Andrea Bacciga.

Insieme allo stadio. Insieme in Comune. Insieme in occasioni informali. Insieme agli appuntamenti pubblici che contano. Dopo gli anni di Tosi, l'attuale legittimazione e riconoscibilità dell'ultradestra veronese e il feeling con la Lega (oggi salviniana) e Fratelli d'Italia si compie definitivamente con l'amministrazione Sboarina. È un fatto che va osservato con attenzione. Perché spiega come mai Verona è diventata la città laboratorio. E fino a dove riescono a spingersi le nuove camicie nere.

Duemilasette, duemiladiciassette. Duemiladiciassette, duemilaventuno. Quattordici anni. Quattordici anni di collaborazioni, sponde, finanziamenti, patrocini, concessioni, delibere, eventi e iniziative. E fatti di cronaca. Una tela intessuta senza sosta che in questo tempo ha messo in connessione il mondo della destra radicale e l'amministrazione comunale veronese. Disegnando uno spaccato politico che ha colorato di nero il territorio. Sullo sfondo, spesso a fare da cerniera, la galassia multiforme del tradizionalismo cattolico, la cosiddetta «Chiesa intransigente» che non rifiuta angolazioni omofobe e xenofobe. E, ovviamente, la Lega, che in questo processo è protagonista, e FDI. A Verona sono i frutti di un terreno abbondantemente arato nel corso di quasi quindici anni. Un tempo lungo che – come abbiamo raccontato – poggia su una solida tradizione, retaggio della storia più antica. Grazie a un'architettura nata sulle fondamenta di rapporti personali e di vecchie e nuove sintonie, nella stagione del sovranismo la città è diventata un centro sperimentale dell'ultradestra. Dove l'alto e il basso si mischiano o si intrecciano in un rapporto osmotico e di reciproca convenienza. E dove tutto è come appare perché non c'è più nulla che fa finta di essere altro da sé.

Basterebbe da sola la cronologia che trovate nell'Appendice a tracciare una road map. Dimostra come tutto ciò che è successo e continua a succedere e a passare da Verona sia semplicemente la diretta conseguenza di una visione di società, e di un'idea di città, che tiene l'immagine del capoluogo scaligero schiacciata in una dimensione iperidentitaria, conservatrice, reazionaria: un arrocco che non ha nessun tratto di modernità, ma che serve solo al mantenimento di uno status che sembra figlio di un passato che non passa. Operazioni revisioniste. Propaganda omofoba e antiabortista. Costruzione della paura. Immobilismo sul tema dei diritti delle minoranze. Favori agli amici degli amici che, guarda caso, si tengono sempre e fanno parte della cordata che ruota intorno a una prospettiva, appunto, «conservatrice» e «reazionaria», che si oppone a ogni innovazione sociale e politica. Nel culto dello «stile Verona», la città in camicia nera.

Appendice

Per gentile concessione

Che cosa è successo da quando i veronesi, dopo i due mandati dell'ex leghista Flavio Tosi, hanno consegnato la città all'«indipendente di centrodestra» Sboarina che poi aderisce a FDI? Proviamo a mettere in fila alcuni fatti. Alcuni casi hanno tenuto banco (solo) sulla stampa locale («L'Arena», «Verona Sera»). Altri sono usciti dai confini mediatici della città. Mentre altri ancora – ed è un problema – sono stati silenziati o sono passati sotto traccia. Ma nel frattempo, nell'indifferenza di molti e nella distrazione colpevole di altri, hanno rafforzato la già molto marcata immagine di una città a vocazione internazionale dove la cosiddetta «minoranza», fissata in particolare con le distinzioni di sesso e con la religione, assurge a maggioranza e detta la linea.

Verona, famosa nel mondo per la bellezza del suo centro storico, è diventata una capitale politica della destra sovranista. Lo è diventata come una costruzione fatta di piccoli mattoni posti l'uno sull'altro con una progressione i cui tempi a volte sono sfuggiti anche agli osservatori più attenti. Ecco perché ha un senso, ed è utile, classificare e rimettere in ordine questi passaggi: ricordare i «mattoni», contestualizzarli, osservarne le linee.

2017

10 giugno: Nasce a Verona il movimento politico di ispirazione neonazista Fortezza Europa (da «Festung Europa», espressione impiegata a partire dal 1942 dalla propaganda del Terzo Reich per indicare l'Europa continentale sottoposta al predominio politico-militare della Germania nazista in contrapposizione con gli Alleati e l'URSS). I fondatori sono fuoriusciti da Forza Nuova. Fortezza Europa si propone come un movimento «in prima linea per il riscatto della nostra Europa». Il simbolo sono quattro frecce «racchiuse nel cerchio ideale della comunità di destino» e che rappresentano i quattro punti cardine della «battaglia» dei fortezzini: identità, famiglia, autarchia e aristocrazia.

25 giugno: Federico Sboarina, appena eletto sindaco, si presenta alla città indossando la maglietta Old School Verona prodotta e venduta dai suoi amici neofascisti noti per guai giudiziari, pestaggi, violenze.

6 luglio: Sboarina chiede di ritirare dalle biblioteche civiche i libri che equiparano il matrimonio tra persone dello stesso sesso a quello tra persone di sesso diverso. È, in pratica, il suo primo atto da amministratore della città. Era tutto scritto nel programma elettorale alla voce «contrasto alla diffusione delle teorie del gender nelle scuole» e «ritiro dalle biblioteche e dalle scuole comunali o convenzionate (nidi compresi) dei libri e delle pubblicazioni, che promuovono l'equiparazione della famiglia naturale alle unioni di persone dello stesso sesso». Il «ritiro dei libri gender» diventa un caso. Il mondo LGBT+, l'Associazione italiana biblioteche e l'Associazione italiana editori insorgono e gridano alla censura. Ma le priorità di Sboarina erano già evidenti: aveva dichiarato che la nuova giunta si sarebbe impegnata «a respingere ogni iniziativa (delibere, mozioni, ordini del giorno, raccolta firme, gay pride, ecc.) in contrasto con i valori della vita, della famiglia naturale o del primario diritto dei genitori di educare i figli secondo i propri principi morali e religiosi». A sostegno del sindaco arriva la solidarietà dell'immancabile pasdaran ultracattolico leghista Alberto Zelger: «Sboarina è stato votato dalla maggioranza dei veronesi anche per questa sua decisa presa di posizione contro ogni tentativo di indottrinamento dei bambini a favore dell'ideologia del gender, che vorrebbe equiparare la famiglia formata da un uomo e una donna all'unione di due persone dello stesso sesso. Qui non si tratta di mandare al rogo dei libri ma di investire il denaro pubblico, destinato alle scuole e alle biblioteche, per veicolare modelli familiari in linea con la Costituzione e con il comune sentire dei nostri cittadini».

16 luglio: La curva sud dell'Hellas Verona si festeggia allo stadio Bentegodi. Luca Castellini, capo ultrà e coordinatore di Forza Nuova per il Nord, dal palco si rivolge così al pubblico: «Chi ha permesso questa festa, chi ha pagato tutto, chi ha fatto da garante ha un nome: Adolf Hitler». Subito dopo partono i cori dei tifosi: «Siamo una squadra fantastica / fatta a forma di svastica, / che bello è / allena Rudolf Hess», cantano tutti insieme. Il video rimbalza sul web. Il club prende le distanze e la comunità ebraica esprime rabbia e sconcerto. Sboarina interviene minimizzando: «Si tratta di un caso singolo messo in moto a tarda notte probabilmente da qualche bicchiere di troppo». Poi riesce comunque a difendere i tifosi: «Verona e i tifosi dell'Hellas hanno un alto concetto dei valori, conoscono i fatti che appartengono alla storia e non meritano giudizi negativi superficiali».

1° agosto: Insieme al deputato leghista Vito Comencini, oggi suo collega di partito, il consigliere comunale Andrea Bacciga si oppone a una mozione della giunta che voleva condannare i cori nazisti degli ultrà dell'Hellas.

15 settembre: Il Comune di Verona, accogliendo le richieste e le pressioni dell'associazione ultracattolica Popolo della Famiglia, impone la cancellazione dell'evento «Biblioteca Vivente» inserito nella programmazione del Tocatì 2017 (il Festival internazionale dei giochi in strada). A far sobbalzare Sboarina sono alcuni titoli di libri che avrebbero dovuto essere «interpretati» e «raccontati» nel corso dell'iniziativa (un format del Consiglio d'Europa, alla faccia dei proclami elettorali «Verona deve guardare alle città capitali d'Europa»). *Semplicemente gay*, *Lesbica e va bene così*, o ancora *Mio figlio gay*. I volumi raccontano che cosa significhi essere vittime di pregiudizi e discriminazioni. Il sindaco nega intenti omofobi e discriminatori riducendo la questione al fatto che il tema va trattato «nei contesti adeguati». Le opposizioni parlano di «deriva oscurantista» intrapresa dalla nuova amministrazione comunale e ricordano a Sboarina che «fino a prova contraria il Comune è un ente laico chiamato a rappresentare tutti i cittadini di tutti gli orientamenti ideologici o sessuali».

26 settembre: Pranzo «identitario» in centro a Verona a casa di Vittorio Bonfanti, già coordinatore della lista civica Verona Pulita. Sboarina è con esponenti di Fortezza Europa: Andrea Bacciga, Nicola Martello, Stefano Stupilli. C'è anche Francesco Barini, presidente di AMT, l'azienda di mobilità e trasporti partecipata dal Comune di Verona, nominato dal sindaco poco dopo il suo insediamento. Le foto spuntano dai social network.

16 ottobre: Il consigliere Andrea Bacciga (ex lista Battiti, ora Lega) regala alla Biblioteca civica di via Cappello quindici libri di «autori che raccontano verità, tesi e storie scomode». Tra i titoli: *Sergio Ramelli. Quando uccidere un fascista non è reato*, *Giuseppe figlio di Giacobbe*, *Militia*, *Gli indoeuropei*, *I leoni morti. La battaglia di Berlino*, *L'albero e le radici*. Tutti testi che fanno parte dell'universo dell'estrema destra.

30 novembre: Il Comune patrocina l'evento organizzato dall'associazione di ispirazione neonazista Fortezza Europa: è un convegno sulla «legittima difesa» a cui l'Ordine degli avvocati di Verona concede un credito formativo per i legali che vi partecipano.

23 dicembre: Il Veneto Fronte Skinheads organizza il «White X-Mas Party», un concerto per l'antivigilia di Natale in onore della Decima Mas, il corpo militare che dopo l'8 settembre decise di continuare la guerra con la RSI e di rinforzare l'alleanza con l'esercito nazista. L'evento, cui prendono parte band della galassia nazirock – alcune legate agli ultrà dell'Hellas –, si svolge nel locale The Firm Club nella zona industriale di Verona.

2018

4 febbraio: A Verona c'è la Fiera «Verona Sposi». Il sindaco, attraverso l'assessore alla Trasparenza Edi Maria Neri, fa rimuovere lo stand della wedding planner Silvia Cassini perché trova inopportuno lo slogan #sposachivuoi. Di fronte alle polemiche (visto che le unioni civili in Italia sono legge dal 2016), il capogruppo leghista in Consiglio comunale Vito Comencini difende la scelta dell'amministrazione.

22 febbraio: La maggioranza in Comune presenta una mozione (firmata da diciotto consiglieri) che propone di «non concedere il patrocinio dell'amministrazione comunale, contributi e concessioni di sale o spazi comunali per eventi organizzati da movimenti e/o associazioni di sinistra o anarchiche». I movimenti di sinistra e le associazioni per la difesa delle minoranze a Verona parlano di «ritorno delle mozioni del Ventennio». Scrivono in una nota congiunta Assemblea 17 dicembre, Circolo Pink, Non una di meno, Potere al Popolo, Suburban e Verona in Comune: «Mentre in altre città e amministrazioni si inizia a prendere coscienza dell'emergenza dovuta alla presenza e alla violenza fascista, Verona, in piena tradizione repubblichina, mette in discussione e chiede l'approvazione di una mozione che va in senso opposto».

17 maggio: Forza Nuova, CasaPound e Lega protestano contro un convegno sui gay in programma all'Università di Verona (dipartimento di Scienze Giuridiche) dal titolo «LGBT: richiedenti asilo, orientamento sessuale e identità di genere». Di fronte alle pressioni dell'ultradestra il rettore Nicola Sartor annulla l'iniziativa. I militanti avevano accusato l'ateneo di essere «ostaggio di potenti lobby LGBT» minacciando azioni dimostrative fino a bloccare il convegno con la forza. Il rettore giustifica lo stop con queste parole: «L'evento è uscito dall'ambito scientifico per diventare terreno di contrasto e soprattutto di ricerca di visibilità per diversi attivisti di varia estrazione. L'Università non può prestarsi a strumentalizzazioni da parte di soggetti estranei al mondo scientifico». Sdegno e dure prese di posizione da parte della comunità LGBT+ veronese e del centrosinistra.

18 maggio: Sul parabrezza di un'auto aziendale di ASGM (l'azienda comunale di fornitura del gas) compare un fermacarte con il busto del duce che tiene fermo sul cruscotto il pass dell'azienda pubblica. I consiglieri del Partito democratico presentano un ordine del giorno parlando di gesto ignobile e chiedendo al sindaco di intervenire. Sboarina tace.

7 agosto: Il solito consigliere comunale Andrea Bacciga presenta una mozione a sostegno della proposta del ministro veronese per la Famiglia, Lorenzo Fontana, di abrogare la legge Mancino, nata per contrastare i crimini a sfondo razziale e legati a ideologie di stampo nazifascista. Titolo della mozione di Bacciga: «Verona con il ministro Fontana, contro la legge Mancino».

14 settembre: Nella splendida cornice di Castelvecchio, in centro città, i cattolici tradizionalisti dell'associazione culturale Christus Rex-Traditio presentano il libro *Cattolici tra europeismo e populismo. La sfida al nichilismo*. L'autore è Matteo Castagna, responsabile di Christus Rex. Il volume – si legge nel comunicato stampa – «cerca di rispondere sul piano storico, filosofico, teologico e politico alla domanda: perché la Chiesa ufficiale è schierata con i globalisti e attacca i sovranisti?». Organizzatori dell'evento sono il deputato leghista Vito Comencini (anche lui di Christus Rex) e il consigliere comunale Andrea Bacciga (ancora nella lista Battiti del sindaco Sboarina).

5 ottobre: Hotel Due Torri, piazza Santa Anastasia. Conferenza dal titolo «L'Islam alla conquista dell'Europa, nella storia e nell'attualità – Ricordando la Battaglia di Lepanto, 7 ottobre 1571». Organizzano Christus Rex e Fondazione Lepanto. Relatori: il solito Vito Comencini, lo storico Roberto De Mattei e Abbondio

Dal Bon. Dice il responsabile di Christus Rex: «Quando leggo che i miei amici consiglieri comunali Andrea Bacciga e Alberto Zelger, coi quali ho recentemente presentato il mio primo libro, sono stati i promotori, assieme al sindaco Federico Sboarina, di una mozione che vuole dichiarare Verona come la "patria della vita", impegnandosi concretamente con fondi pubblici nei confronti di chi scoraggia l'aborto e aiuta a salvare i bambini, mi si riempie il cuore di gioia». Castagna dà appuntamento a domenica 7 ottobre: «Come ogni anno, da tanti anni, siamo soliti ringraziare la Madonna con un'iniziativa di preghiera. Domenica alle ore 18,00 reciteremo il Santo Rosario in lingua latina e assisteremo alla Santa Messa tradizionale, detta di San Pio V, proprio il Santo Papa di Lepanto che La codificò, che sarà celebrata da un sacerdote cattolico integrista dell'Istituto Mater Boni Consilii in una chiesa di proprietà privata». E aggiunge: «Domenica sera ci sarà un'iniziativa pubblica anche da parte dell'Associazione Politica Fortezza Europa, che condividiamo e sosteniamo». Fortezza Europa, l'associazione di estrema destra di ispirazione neonazista.

16 novembre. Altro pranzo identitario-fascioleghista, tra braccia alzate e saluti fascisti. Francesco Barini di Verona Pulita siede insieme al leghista Daniele Polato, assessore alla Sicurezza; Roberto Bertolo che è membro del consiglio d'amministrazione di AIMA (sponsorizzato dallo stesso Polato); Cristian Armigliato, ultrà dell'Hellas; Nicolò Sesso, consigliere eletto con la lista Battiti per Verona. E Simone Derio Sentinella, anche lui tra gli aderenti di Fortezza Europa e organizzatore delle briscole identitarie.

29 dicembre: La destra radicale veronese annuncia un concerto nazirock (previsto per il 19 gennaio 2019) in memoria (nel cinquantesimo anniversario della morte) di Jan Palach, il giovane studente cecoslovacco divenuto simbolo della resistenza antisovietica del suo Paese e che il 16 gennaio 1969 si diede fuoco in piazza San Venceslao a Praga (morì dopo tre giorni di agonia). L'evento – intitolato Terra e Libertà – ha il patrocinio della Provincia di Verona ed è sponsorizzato da Serit, l'azienda partecipata comunale dei rifiuti presieduta dal camerata Massimo Mariotti. I contributi pubblici per la discussa iniziativa arrivano tramite l'associazione Nomos («terra e identità»). A promuovere l'evento è il consigliere fascioleghista Andrea Bacciga.

2019

Gennaio-febbraio: A dieci giorni dall'elezione del papà del Gnoco, storica maschera del Carnevale di Verona, considerato il più antico d'Europa, i neofascisti di Fortezza Europa vanno all'attacco di Sebastiano Ridolfi, detto «Fox». Gay e attivista per i diritti LGBT+, Ridolfi è uno dei due candidati. Con un post su Facebook i fortezzini parlano di «propensione alle carnevalate da parte di simpatiche macchiette che si ricoprono di ridicolo» e si augurano che «la maschera del papà del Gnoco venga sottratta dalle mani di chi vorrebbe speculare per fini politici e individuali su di essa per essere così restituita ai valori genuini, popolari e tradizionali che la ispirano nonché di diritto fatta nuovamente rinsaldare al quartiere di San Zeno».

26 febbraio: Il sindaco Sboarina partecipa a un convegno organizzato proprio da Fortezza Europa e sul tema papà del Gnoco.

8 marzo: Mauro Bonato si dimette da capogruppo della Lega in Consiglio comunale. La causa è il Congresso mondiale delle famiglie, in programma dal 29 al 31 marzo 2019. «La Lega è nata per ottenere l'autonomia delle regioni, non per sindacare su temi etici o familiari. Se va avanti così torneremo a tempi antichi dove le donne fanno solo le schiave degli uomini.» Bonato, da tempo in contrasto con Salvini, espulso dal partito a luglio 2018, era rimasto formalmente capogruppo grazie al sostegno di alcuni consiglieri. Poi lo strappo finale. «Questo convegno è un ritorno al Medioevo. Non si può accettare che l'amministrazione comunale dia il patrocinio e sia co-organizzatore di un evento dove gli omosessuali sono paragonati a Satana.»

21 marzo: In Consiglio comunale il consigliere d'opposizione Federico Benini propone di posizionare due canestri da basket e due porte da calcetto sull'area verde di via Archimede a Borgo Nuovo. La destra in Consiglio comunale fa ostruzionismo e dà vita a uno show gratuito, tra prese in giro, body shaming, sfottò sessisti e riferimenti agli sport «da maschi» e agli sport «da femmine», tipo «volano e ping-pong». Si tratta di pura cialtronaggine «da aula», argomenti provocatori per irridere le proposte di una minoranza, come a volerla sminuire e delegittimare.

29-31 marzo: Verona ospita la XIII edizione del Congresso mondiale delle famiglie. Tra feti di plastica, attacchi alla legge 194, slogan «aborto uguale omicidio», sul palco salgono esponenti del mondo dell'integralismo cattolico che equiparano omosessualità e satanismo. La destra sovranista mette il cappello sull'evento che porta il nome di Verona in giro per il mondo.

12 aprile: Il Consiglio comunale approva un ordine del giorno presentato dalla Lega che impegna a rendere disponibile il sito web del Comune in «lingua veneta». Localismo spinto che riporta indietro ai tempi della Liga Veneta.

20 aprile: A Cerea, in provincia di Verona, 16.000 abitanti, nell'Area Exp di proprietà del Comune, il Veneto Fronte Skinheads organizza un concerto con band nazirock provenienti anche dall'estero. Tra saluti romani e slogan suprematisti l'evento cade in concomitanza con il genetliaco di Adolf Hitler. Un classico delle formazioni nazionalsocialiste italiane. Il caso finisce in Parlamento.

15 maggio: L'evento sportivo si chiama Fortress Cup ed è organizzato dal 2018 dall'associazione London Calling e da Fortezza Europa. Due vasi comunicanti. Fortress è un torneo di calcetto a cui seguono momenti di intrattenimento, con musica dal vivo e stand enogastronomici. Il Consiglio della V Circoscrizione assegna a titolo gratuito l'utilizzo del campo sportivo e dell'illuminazione dell'impianto di via Monterotondo a Borgo Roma. Fortezza Europa in quei giorni manifesta in un video il suo sostegno al candidato della Lega alle elezioni europee Paolo Borchia, che poi viene eletto. Secondo l'opposizione la concessione gratuita dell'impianto sportivo va inquadrata in uno scambio di favori – l'ennesimo – tra amministrazione comunale ed estrema destra. Nella locandina dell'edizione 2020 di Fortress Cup, oltre ai nomi delle band di rock alternativo di estrema destra, campeggia il titolo di una serata dj-set in programma dopo le partite di calcetto: «White Boys Party».

26 agosto: Sul palco dell'Arena si esibisce il ballerino ucraino Sergei Polunin nella prima del suo nuovo balletto *Romeo e Giulietta*. Il bad boy della danza mondiale – Putin tatuato sul petto –

è già stato cacciato dall'Opéra di Parigi e ha fatto discutere per le sue esternazioni sessiste («l'uomo è guerriero, la donna è preda»). Polemiche e proteste accompagnano l'annuncio del suo spettacolo anche nella città scaligera. Replica di Gianmarco Mazzi, ad di Arena di Verona srl, in passato in quota AN: «A noi interessa il talento dell'artista».

5-8 settembre: A Verona si svolge la festa nazionale di CasaPound, titolo «Direzione rivoluzione». Sul palco dei relatori anche deputati di FDI e Lega. Tra gli altri, il senatore e vicepresidente del Senato Ignazio La Russa e i colleghi leghisti Simone Pillon e Andrea Ostellari (presidente commissione giustizia del Senato). Presenti anche lo storico e docente universitario Marco Gervasoni e l'autrice di Altaforte (di proprietà del picchiatore pregiudicato Francesco Polacchi) e militante di CasaPound Francesca Totolo, che saranno entrambi indagati, a maggio 2021, per oltraggio al presidente della Repubblica, Sergio Mattarella. Il fondatore pregiudicato di CasaPound, Gianluca Iannone, invita anche Salvini: «Se viene è il benvenuto».

14 settembre: Al tradizionale raduno della Lega a Pontida il deputato veronese Vito Comencini insulta il presidente della Repubblica Sergio Mattarella. Queste le sue parole: «Un presidente che se ne frega del 34 per cento dei voti degli italiani del partito più forte d'Europa è un presidente che mi fa schifo». A processo per vilipendio nei confronti del capo dello Stato, Comencini è stato prosciolto dall'accusa il 24 novembre 2020. Nelle motivazioni della sentenza firmata dal gip Maria Luisa Mazzola si legge che Comencini «non ha rivolto insulti che travalicano la continenza e, soprattutto, in modo gratuito e fine a sé stessi». Per il giudice si tratta di «dissenso politico motivato». A salvare l'impetuoso deputato leghista dalla condanna, si scopre leggendo il dispositivo, è un semplice pronome: quel «mi» con cui Comencini dice «Mattarella mi fa schifo». La locuzione riconduce «le espressioni proferite alla stregua di un mero giudizio personale, estraneo a pretesa oggettività».

5 ottobre: Nella sala conferenze del Circolo ufficiali a Castelvecchio va in scena l'incontro dal titolo «Le bugie sull'immigrazione». Si presenta il fumetto *Adam. Una storia di immigrazione.* Tra i relatori, l'autore dei testi di *Adam*, ovvero il giornalista della «Verità» Francesco Borgonovo, già ospite di convegni organizzati da formazioni di estrema destra di ispirazione neonazista, e Francesca Totolo. Moderatori della serata: Andrea Bacciga (in qualità di fondatore e militante dell'associazione Nomos) e Maurizio Simionato (associazione Dex). Ad aprire il convegno il saluto del sindaco Federico Sboarina. A sollevare un vespaio di polemiche sono lo sponsor della conferenza – Serit – e il patrocinante, vale a dire il Comune di Verona, rappresentato dal sindaco. «Lo schema si ripete: Bacciga organizza, Mariotti [presidente di Serit, *ndr*] ci mette i soldi e Sboarina la faccia», attacca Michele Bertucco di Sinistra in Comune. Sul caso interviene anche il consigliere comunale di Traguardi, Tommaso Ferrari: «Non ci sentiamo rappresentati da un sindaco che fa dell'intolleranza la sua bandiera, anzi ci sentiamo offesi e chiediamo di ritirare il patrocinio».

5 novembre: La commissione toponomastica del Comune approva la richiesta di intitolare una strada a Giorgio Almirante, reduce della RSI, tra i fondatori del MSI – di cui è stato segretario –, firmatario del Manifesto della razza e redattore della rivista «La difesa della razza». La stessa Commissione boccia la richiesta di Federico Benini (capogruppo PD) di intitolare una via a Giorgio Gaber, adducendo una «mancanza di legame con il territorio». Secondo la deputata dem Alessia Rotta il «Comune di Verona prosegue nel tentativo di trasformare la città medaglia d'oro della Resistenza nel laboratorio politico e culturale dell'ultradestra italiana».

2020

1° luglio: Il Comune di Verona pubblica sul proprio sito il «Progetto di legge d'iniziativa popolare: indizione di un referendum di indirizzo sul recesso dello Stato dall'Unione Europea». In una prima versione, poi corretta, indica anche l'adesione all'iniziativa e il link a disposizione dei cittadini. Il sindaco Sboarina, insomma, strizza l'occhio all'ex collega londinese, ora primo ministro britannico, Boris Johnson, alfiere della Brexit. Tutto parte dal Comitato promotore «Libera l'Europa – Uexit», con tanto di pubblicazione in Gazzetta Ufficiale numero 136 del 28 maggio 2020. «Sottoscrittori della proposta di legge di iniziativa popolare sono quattordici professionisti romani, ma a capo del movimento c'è Vittorio Sgarbi. L'iniziativa è appoggiata da parte dell'ultradestra radicale e sovranista e dal Movimento Stop Euro.» Il legame politico Sgarbi-Sboarina emerse già nella campagna elettorale per le amministrative 2017.

10 luglio: Il Consiglio comunale approva una mozione contro il disegno di legge Zan-Scalfarotto sull'omolesbotransfobia e la misoginia. Il primo firmatario della mozione contraria è il neofascista Andrea Bacciga, che dice: «È un disegno di legge liberticida. Se fossi un omosessuale mi sentirei offeso da questa legge, che crea una discriminazione, una sottocategoria protetta. Se qualcuno insulta un ciccione, uno zoppo, uno storpio è un reato comune. Se invece viene insultato un omosessuale c'è un'aggravante». L'altro alfiere della mozione è Alberto Zelger, leghista, antiabortista e cattolico radicale, già promotore del Congresso delle famiglie. «È una legge bavaglio contro la libertà di espressione. Serve soltanto a tappare la bocca a chi la pensa diversamente, rispetto al pensiero delle lobby gay che vorrebbero instaurare un regime di pensiero.» Nella mozione si fa riferimento al comunicato della CEI intitolato *Omofobia, non serve una nuova legge*, si parla di contrasto all'ideologia gender, si denunciano le limitazioni che ne deriverebbero: «Detta normativa renderebbe impossibile criticare uno stile di vita omosessualista o manifestare contrarietà allo svolgimento di gay pride davanti a luoghi di culto». «A Verona l'amministrazione comunale ha il terrore degli omosessuali» attacca l'opposizione.

23 agosto: Una bufera e una tromba d'aria si abbattono su Verona e provincia allagando la città e provocando danni alle cose (per fortuna non si registra nessun ferito). Esprimo la mia solidarietà scrivendo questo tweet: «Sono vicino a Verona e ai veronesi per il nubifragio che ha messo in ginocchio la città. I loro concittadini nazifascisti e razzisti che da anni fomentano odio contro i più deboli e augurano disgrazie a stranieri, negri, gay, ebrei, terroni, riflettano sul significato del karma». È un messaggio in totale buona fede nel quale, offrendo la mia solidarietà e vicinanza a una città in ginocchio per il maltempo, colgo l'occasione per rivolgermi a quella minoranza di veronesi che da anni – come è noto – odiano e discriminano. Il senso della seconda parte del messaggio, e chi siano i destinatari della mia riflessione, è chiarissimo ed è questo: odiare, discriminare, chiudersi in sé stessi, isolarsi, non ci mette al riparo dai problemi. Punto. Non ce l'avevo né con Verona, figurarsi, né coi veronesi. Il tweet solleva polemiche per via della parola «karma». Capisco che quel termine possa avere reso equivocabile il mio messaggio: per questo ne preciso il senso e mi scuso con chi si è sentito offeso. Scrivo a stretto giro: «Sono sicuro che la stragrande maggioranza dei veronesi, a differenza di una piccola minoranza di odiatori seriali ben noti in città, abbia capito il senso del mio messaggio. Ribadisco la mia piena, totale e incondizionata solidarietà a tutti – tutti – i cittadini di Verona colpiti dal nubifragio. Se qualcuno si è sentito offeso, me ne scuso».

Sui social vengo preso di mira e travolto da centinaia di messaggi di insulti, intimidazioni e minacce di ogni tipo. Si scatena una canea a cui danno un robusto contributo gli interventi e le offese di politici e opinionisti della destra sovranista e radicale: insomma l'area politica e culturale più vicina ai destinatari della mia riflessione.

Due dichiarazioni, in particolare, contribuiscono a dare la stura e ad aizzare gli animi nei miei confronti. Una di Matteo Salvini e una di Giorgia Meloni. Scrive il segretario della Lega (postando il mio tweet): «Questo sarebbe un "giornalista" e scriverebbe su "Repubblica". Che orrore, quanto odio. Mancava scrivesse #colpadisalvini. Il suo commento è talmente stupido da non meritare commenti, semmai pena, tristezza e compassione...». Da notare: quando un mese prima un'alluvione aveva colpito Palermo provocando devastazioni e due morti il leader leghista che si indigna per il mio tweet aveva commentato: «A furia di pensare solo agli immigrati, il sindaco Orlando dimentica i cittadini di Palermo: basta un temporale e la città finisce sott'acqua».

Ecco invece la dichiarazione della leader di FDI Giorgia

Meloni. Anzi, due. La prima: «Ed ecco a voi la "solidarietà" di un inviato di "Repubblica" nei confronti dei cittadini veneti. Solo io reputo gravissimo e inaccettabile che un giornalista si esprima con simili termini nei confronti di una comunità colpita da una calamità? Ma un briciolo di vergogna, no?!». Ventiquattro ore dopo Meloni rincara la dose e scrive: «Vuoi vedere che Berizzi è un genio e non un esaltato odiatore? Il suo schema potrebbe essere il seguente: insulti un'intera città colpita da una calamità, qualcuno ti manda due improperi, piagnucoli che dei cattivoni ce l'hanno con te e ti tieni la scorta perché sei in pericolo. Un genio vero».

Una leader politica, deputata della Repubblica e già ministra, non solo dà dell'«esaltato odiatore» a un giornalista. Tira in ballo l'utilità di un dispositivo di protezione deciso dal ministro degli Interni tre anni prima per una lunga serie di minacce e di atti intimidatori (tutte agli atti, riscontrate e confluite in procedimenti). Con le sue parole – finalizzate a scatenare il suo elettorato contro un cronista che da anni fa inchieste e denuncia i gruppi di estrema destra – Meloni dimostra: 1) di (far finta di) non sapere che le scorte non vengono assegnate o revocate per simpatia o antipatia ma sulla base di scrupolose analisi, riscontri e verifiche; 2) che la scorta non è un privilegio, né uno status symbol, né un merito, ma semplicemente, e drammaticamente, un dispositivo con cui lo Stato gioca in difesa quando non riesce a eliminare la minaccia. E per questo mette sotto protezione la persona che ritiene a rischio.

Per la vicenda Verona, a fronte di una marea di insulti e minacce anche di morte (tutte regolarmente denunciate a polizia e carabinieri) ricevo la solidarietà di moltissime persone e – tra gli altri – di «Repubblica» e della Federazione Nazionale della Stampa italiana. Oggi, più di un anno dopo, posso ragionevolmente dire che il 99,9 per cento degli insulti e delle minacce che ho ricevuto provenivano da soggetti, ambienti, militanti politici ascrivibili esattamente a quella minoranza di razzisti, neofascisti e odiatori che avevo invitato a riflettere con la seconda parte del mio tweet. A riprova del fatto che – indipendentemente dal meteo – il problema c'era, c'è e forse (temo) continuerà a esserci.

16 settembre: «Per conto dell'assessore Rando si chiede cortesemente la vostra disponibilità a un incontro domani, per parlare del contributo a favore del gruppo Majrotti di San Massimo. Con l'occasione l'assessore chiede cortesemente di portare i dati dei componenti di detto gruppo carnevalesco: nome, cognome, data di nascita e indirizzo di residenza.» In calce, la firma del Comune di Verona, precisamente della segreteria dell'assessore Filippo Rando che è anche candidato alle regionali nella lista del governatore Luca Zaia. Il gruppo Majrotti è uno dei più attivi del Carnevale veronese. Fa discutere il fatto che, alla vigilia del voto per le regionali, un assessore comunale chieda di incontrare un gruppo a cui ha appena erogato un contributo e non si accontenti di incontrare i responsabili, ma vuole anche i nomi e gli indirizzi di tutti gli altri membri. In quei giorni l'assessore Filippo Rando riempie il suo profilo Facebook di inviti ai cittadini: «Mi rivolgo ad amici e simpatizzanti per sostenere candidatura e programma politico che riguarda impianti sportivi, anziani, famiglie con disabili e solidarietà post-Covid alle micro e piccole imprese. Questa sarà la scheda elettorale, è necessario barrare la lista Zaia e scrivere Rando. Grazie per la fiducia». Sulla vicenda viene presentata un'interrogazione in Consiglio comunale.

8 ottobre: Il presidente del Consiglio comunale Ciro Maschio (che nel 2021 avrebbe lasciato l'incarico), anche deputato di FDI, finisce nella bufera: deve risarcire il Comune di 16.000 euro, debiti maturati in quasi due anni a causa di ben 104 multe che non ha mai pagato, tra soste selvagge e parcheggi non consentiti. Maschio riceve una lettera del dirigente del Comune dove si comunica l'avvio dell'iter di decadenza da consigliere comunale. A quel punto si decide a saldare il debito (pari a circa un mese di stipendio da parlamentare).

1° novembre: Il Comune finanzia una lapide intitolata ai «Martiri delle Pasque veronesi» posta sulla facciata del liceo Messedaglia. «Dopo 223 anni viene resa giustizia ai condannati a morte delle Pasque veronesi, la grande insorgenza antinapoleonica che infiammò Verona tra il 17 e il 25 aprile 1797» dichiara l'assessore comunale Nicolò Zavarise, Lega. «Un risultato importante per l'identità e la tradizione veronese, nei confronti di un passaggio storico che troppo spesso viene trascurato.» Il comitato Pasque veronesi, presieduto da Maurizio Ruggiero, era tornato in auge con l'amministrazione Flavio Tosi, benedetta dalla Lega e dalla destra radicale cittadina. La minoranza in Consiglio chiede al sindaco Sboarina se «non prova imbarazzo a sperperare soldi pubblici in una situazione di crisi sociale, economica e sanitaria», e aggiunge: «Sarebbe poi doveroso capire se prima di apporre una targa sulla pubblica via il Comune abbia verificato la ricostruzione di fatti realizzata dai tradizionalisti dal punto di vista storico-scientifico». Dal 2018 alla fine del 2019 gli integralisti cattolici del Comitato Pasque veronesi sostenuti dal consigliere nonché deputato Vito Comencini hanno ricevuto più di 86.000 euro di finanziamenti pubblici (63.661 euro nel 2018 e altri 22.450 nel 2019). Capofila di queste elargizioni è proprio il Comune di Verona con 10.000 euro all'anno, quasi una gabella; altri 7500 sono stati dati dalle aziende partecipate (AGSM, AMIA, AMT), 34.000 dalla Regione Veneto. Ai quali si aggiungono un contributo ministeriale di 22.000 euro per la celebrazione del 2017. Curiosamente, per le associazioni a Verona bisogna rispettare i vincoli di bilancio. Ma per gli integralisti religiosi si fa eccezione. Particolare: esponenti del Comitato Pasque veronesi hanno affermato – tra le altre cose – che «i socialisti europei hanno un piano per la castrazione selettiva dei bambini appena nati».

21-29 novembre: Serit organizza l'edizione 2020 della Settimana Europea per la Riduzione dei Rifiuti. A enti pubblici, imprese, associazioni, scuole e singoli cittadini si chiede un impegno per «ridurre la nostra impronta sul Pianeta». Tra gli ospiti invitati – e pagati – da Serit, il filosofo sovranista Diego Fusaro, che partecipa a un incontro alla trattoria Al Bersagliere di Verona. I vertici di Serit, come vedremo tra poco, non rendono pubblico il costo dell'ospitata di Fusaro.

29 novembre: Michele Cossato. Cinquantun anni, milanese, veronese d'adozione, ha giocato come centravanti sia nell'Hellas sia nel Chievo. Già inquisito insieme al fratello Federico, anche lui calciatore, per vicende di calcioscommesse, nell'ottobre 2019 diventa ambasciatore Gialloblù. Con un post su Instagram il club scaligero formalizza il riconoscimento: «Savoia, Guidotti, Bergamaschi, Terracciano e... da oggi, Michele Cossato. Benvenuto tra gli ambasciatori Gialloblù, Leggenda!». Con tanto di fotografia dei cinque in campo sul terreno di gioco del Bentegodi. In più occasioni Cossato ha partecipato a eventi legati al club. È uno degli ex più amati dalla tifoseria. Ma la «Leggenda», a novembre 2020, non fa un buon servizio ai colori di cui è ambasciatore.

Il 26 novembre 2020, all'indomani della morte di Diego Armando Maradona, scrivo un tweet in cui ricordo uno dei lati meno raccontati – in quei giorni – del grande Pibe de Oro: il suo impegno contro il razzismo. Un impegno che il campione argentino declinava con il suo stile diretto, senza compromessi. Scrivo: «Uno dei suoi gol più belli Maradona l'ha segnato contro le tifoserie che da anni discriminano i napoletani con schifosi cori razzisti già intonati da un politico (condannato) che lo insultava e ora chiede di pregare per lui. [Per non dimenticare]». Il riferimento è a Matteo Salvini, condannato a una pena di 5700 euro per le offese razziste rivolte ai napoletani a cui nel 2009 dedicò un coro alla festa della Lega a Pontida («Senti che puzza scappano anche i cani stanno arrivando i napoletani, o colerosi, terremotati, voi col sapone non vi siete mai lavati»). Michele Cossato dal suo profilo Instagram commenta rivolgendomi queste parole: «Pensa che quando morirai tu, forse al tuo funerale ci saranno solo i gatti alla ricerca dei topi. Pezzente». I vertici dell'Hellas Verona prendono le distanze da Cossato e lo scaricano: «In merito a quanto apparso su web e social, Hellas Verona FC precisa che Michele Cossato non è un tesserato, né un dirigente dello scrivente Club e non è mai stato incaricato ufficialmente di rappresentare Hellas Verona FC». Un tentativo formale, da parte della società, per togliersi dall'imbarazzo per l'uscita shock di un suo ex tesserato. Che tuttavia nel 2019 era stato ufficialmente accolto nella grande famiglia dell'Hellas in qualità di «Ambasciatore Gialloblù».

14 dicembre: Per le strade di Verona spuntano, su vele mobili, i manifesti di una campagna pubblicitaria shock del Movimento Pro Vita. Sui manifesti campeggia l'immagine di una donna esanime con una mela rossa sbocconcellata in mano e sopra la scritta: «Prenderesti mai del veleno? Stop alla pillola abortiva RU486. Mette a rischio la salute e la vita della donna e uccide il figlio nel grembo». L'associazione Non una di meno insorge e sugli stessi cartelloni ribadisce il proprio diritto di scelta: «Sul mio corpo decido io!». Oltre a essere contrari al buon gusto, al buon senso e all'autodeterminazione delle donne, i manifesti della campagna sono pure abusivi. Da verifiche effettuate presso l'Unità comunale Tributi, accertamento e riscossioni, emerge che «le esposizioni pubblicitarie risultano abusive e prive del titolo legittimante».

18 dicembre: Il presidente di Serit, Massimo Mariotti, alla guida della società veronese dei rifiuti dal 2018 (il predecessore Roberto Bissoli è stato «liquidato» con una sorta di buonuscita di 55.000 euro), alla richiesta di mostrare il rendiconto delle spese Serit – rientrano finanziamenti pubblici concessi – risponde così al Comune: «Non vi devo dire nulla». Mariotti si arrocca nel suo fortino e lo mette per scritto: «In riferimento alla richiesta di accesso agli atti di cui all'oggetto, confermiamo quanto già comunicato, ovvero che Serit non è soggetta a tale obbligo principalmente in quanto non è gestore di pubblico servizio, bensì affidataria di appalti da parte del titolare del servizio, affidamenti ottenuti in libero mercato a seguito di una gara d'appalto». Risultato: Serit non rilascia al Comune dati precisi sulle spese per organi amministrativi, le sponsorizzazioni, le consulenze e i costi per polizze assicurative. Insomma: Mariotti pare ritenersi esente da qualsiasi tipo di controllo. Peccato che i soldi che spende Serit siano dei cittadini.

23 dicembre: Con i voti di Lega e Fratelli d'Italia la città di Verona revoca la cittadinanza onoraria allo scrittore Roberto Saviano (gli era stata concessa nel 2008). La richiesta di revoca era stata presentata un anno prima dal consigliere comunale leghista Alberto Zelger. La mozione passa con venti voti a favore, sette contrari e un astenuto. Saviano era stato messo sotto accusa per le sue dichiarazioni politiche nei confronti di Matteo Salvini e Giorgia Meloni. Lo scrittore era stato criticato anche per la sua proposta di liberalizzazione della cocaina e delle droghe leggere. La decisione del Consiglio comunale appare come una ritorsione per le dure critiche di Saviano ai due leader della destra. Attacca Zelger: «Saviano è diventato un personaggio provocatorio, irrispettoso dei suoi avversari politici: nessuno mette in discussione il suo impegno contro la camorra, ma il suo delirio egocentrico lo porta ad attaccare rappresentanti del popolo colpevoli soltanto di avere un'opinione diversa dalla sua su più questioni: dalla liberalizzazione della droga all'immigrazione». Sulla stessa linea il presidente del Consiglio comunale Ciro Maschio: «Nel 2008 appoggiai la concessione della cittadinanza onoraria. In questi anni non vi è stato, comunque, nessun rapporto fra Saviano e la città e abbiamo assistito a una escalation imbarazzante, a una serie di offese senza contraddittorio a più soggetti: non soltanto i politici». Ma il punto più basso e delirante lo tocca il consigliere comunale della Lega, Andrea Velardi: «Saviano? Il miglior promoter della camorra».

2021

31 marzo: I militanti veronesi di Gioventù Nazionale – i giovani di Fratelli d'Italia – celebrano con un post nell'anniversario della morte Léon Degrelle, detto «il figlio adottivo di Hitler», leader e fondatore dei fascisti cattolici belgi del movimento Rex e poi ufficiale delle Waffen-SS (contingente vallone) al servizio della Germania nazista. «Léon Degrelle 15-06-1906/31-03-1994. Per tutti coloro che ancora sognano un secolo di cavalieri» è il testo del messaggio.

16 aprile: Il consigliere leghista Andrea Bacciga viene eletto presidente della commissione sicurezza del Comune con nove voti favorevoli e due contrari.

22 aprile: I consiglieri comunali veronesi si esprimono sul ddl Zan. Il leghista Alberto Zelger dice: «Mi meraviglio che l'onorevole Zan e gran parte della sinistra radicale vogliano a tutti i costi far approvare un disegno di legge estremamente divisivo, mentre tante famiglie soffrono per la crisi economica che sta impoverendo l'Italia. Credo poi che questa proposta di legge metta a rischio alcuni diritti costituzionali fondamentali: dalla libertà di espressione e all'educazione dei figli secondo i propri principi morali e religiosi. Quest'ultimo diritto, infatti, verrebbe di fatto soppresso con l'introduzione dell'obbligo scolastico di partecipare, fin dall'infanzia, a iniziative ideologiche per demolire le figure di papà e mamma a favore del genitore 1 e genitore 2».

1° maggio: Affondo di Fedez in diretta tv dal palco del concertone del 1° maggio. Il rapper cita nomi e dichiarazioni omofobe attribuite a esponenti della Lega negli ultimi anni. Tra questi c'è anche il veronese Zelger. È menzionato per questa dichiarazione: «I gay sono una sciagura per la riproduzione e la conservazione della specie».

7 maggio: Zelger torna sul caso Fedez-ddl Zan: «L'omofobia non esiste» dice. Poi argomenta sul ruolo della donna nella sua visione di famiglia e di società: «Le attitudini maschili e femminili sono per natura abbastanza diverse: le donne preferiscono accudire le persone, gli uomini preferiscono la tecnologia».

10 maggio: Chiude dopo due anni e mezzo di tensione con le associazioni antifasciste la sede di Forza Nuova nel quartiere multietnico di Veronetta. Il capo forzanovista Luca Castellini garantisce che non si è trattato di una fuga – destinazione Borgo Milano, zona tradizionalmente più di destra –, ma di un cambio sede legato a esigenze di maggior spazio per accogliere i militanti il cui numero sarebbe in crescita. A Veronetta resta aperto il Mastino al civico 61 di via Nicola Mazza, punto di aggregazione di CasaPound.

15 giugno: Il sindaco Federico Sboarina aderisce a Fratelli d'Italia. In conferenza stampa con Giorgia Meloni a Verona, dice: «Io sono un uomo di destra e in quell'area politica continuo a identificarmi. Fratelli d'Italia è la famiglia a cui mi sento di appartenere. Aderisco a quel partito a cui mi sento da sempre di appartenere». E aggiunge: «Tra l'altro io devo ringraziare davvero Matteo Salvini. Non c'è una volta in questi quattro anni che non abbia trovato in Salvini una persona vicina, che non mi abbia ascoltato. Da questo punto di vista nel mio rapporto con gli alleati e con la comunità non è cambiato assolutamente nulla». Meloni, di rimando: «Quello di Sboarina è un ritorno a casa».

20 luglio: Il leghista Alberto Todeschini, già coordinatore di Lega Giovani, è il nuovo presidente di AGSM Lighting, società appartenente a AGSM AIM partecipata dal Comune di Verona, 11 milioni di fatturato. Il consiglio di amministrazione lo ha nominato a seguito delle dimissioni di Filippo Rigo, eletto consigliere regionale. Non risulta che Todeschini abbia competenze di alto profilo nel campo del business dell'energia e dell'illuminazione pubblica. Le cronache ricordano un suo post su Facebook nel 2012, siamo sempre nell'ambito del tifo per l'Hellas Verona: «Se segna il negro non vale!».

Indice